北京大学·复旦大学·吉林大学·中山大学
国家治理协同创新中心

华东政法大学
中国社会公共安全研究中心

本书受上海市高水平地方高校（学科）建设项目资助

中国社会公共安全研究报告

Advances in China Public Security

主　编　杜志淳　张明军
副主编　何奇松

第17辑
2020年第2期

图书在版编目(CIP)数据

中国社会公共安全研究报告.第17辑/杜志淳,张明军主编.—北京:北京大学出版社,2020.12
ISBN 978-7-301-32136-2

Ⅰ.①中… Ⅱ.①杜…②张… Ⅲ.①公共安全—社会管理—研究报告—中国 Ⅳ.①D63

中国版本图书馆 CIP 数据核字(2021)第 067927 号

书　　　名	中国社会公共安全研究报告·第17辑 ZHONGGUO SHEHUI GONGGONG ANQUAN YANJIU BAOGAO·DI-SHIQI JI
著作责任者	杜志淳　张明军　主编
责任编辑	尹　璐
标准书号	ISBN 978-7-301-32136-2
出版发行	北京大学出版社
地　　　址	北京市海淀区成府路 205 号　100871
网　　　址	http://www.pup.cn　新浪微博:@北京大学出版社
电子信箱	sdyy_2005@126.com
电　　　话	邮购部 010-62752015　发行部 010-62750672　编辑部 021-62071998
印　刷　者	北京虎彩文化传播有限公司
经　销　者	新华书店
	787 毫米×1092 毫米　16 开本　9 印张　166 千字 2020 年 12 月第 1 版　2020 年 12 月第 1 次印刷
定　　　价	45.00 元

未经许可,不得以任何方式复制或抄袭本书之部分或全部内容。
版权所有,侵权必究
举报电话:010-62752024　电子信箱:fd@pup.pku.edu.cn
图书如有印装质量问题,请与出版部联系,电话:010-62756370

编委会

主　　任	杜志淳			
副 主 任	杨正鸣	何明升	张明军	
编　　委	于建嵘	李连江	高小平	王教生
	陆卫东	娄成武	朱正威	佘　廉
	竺乾威	陈振明	倪　星	王永全
	杨　龙	项继权	朱立言	沈忠新
	陈　平	郭秀云	杨正鸣	何明升
	张明军	倪　铁		
主　　编	杜志淳	张明军		
副 主 编	何奇松			
编　　辑	郭秀云	吴新叶	汪伟全	
	易承志	郑　谦		

投稿信箱：hzggy021@126.com

投稿地址：上海市龙源路555号华东政法大学集英楼B309室

目 录
Contents

会议综述

第九届"中国社会公共安全论坛"暨"国家治理体系现代化与公共
安全体系建设"会议综述（下） ………………………… 雷丽萍 / 003

国家安全与治理

美国与伊朗的安全博弈
——以"战争边缘理论"为中心 ………………… 韩睿鼎 孙德刚 / 015

特朗普时期美国国家安全战略的不确定性探析
……………………………………………… 刘胜湘 高 瀚 张 鹏 / 035

校园安全与治理

高校"校闹"事件生成过程中的治理问题及对策
………………………… 吴晓涛 赵晓雪 郭伶俐 张 影 史红诚 / 055

认知、情绪、信心对高校学生学习投入的影响
——新冠肺炎疫情下心理健康的中介效应
………………………………… 白 锐 翁镇豪 邓晓琳 李晓晓 / 068

公共危机管理

基于知识管理视阈的基层政府危机学习机制研究
——以新冠肺炎疫情应对为例 ………………… 郭雪松 袁紫梦 / 087

公共卫生安全与治理

我国突发公共卫生事件应急能力评价及空间差异分析 …………… 王绪鑫 / 103

社会安全与治理

气候变化与集体暴力 ……… 〔美〕巴里·S. 利维 维克多·W. 赛德尔
乔纳森·A. 帕茨 著 吴新叶 译 / 121

会 议 综 述

第九届"中国社会公共安全论坛"暨"国家治理体系现代化与公共安全体系建设"会议综述（下）

雷丽萍*

2020年6月13日，华东政法大学政治学与公共管理学院、华东政法大学社会安全与治理研究中心主办了第九届"中国社会公共安全论坛"暨"国家治理体系现代化与公共安全体系建设"线上学术研讨会。论坛不仅邀请了在公共安全和应急管理研究领域有建树的知名学者，也邀请了该领域有使命感和责任感的青年学者。

本次论坛一共分为两部分。

在论坛的第一部分，南京大学社会风险与公共危机管理研究中心主任童星教授作了题为《应急管理效能的生成机制》的报告，华中科技大学公共管理学院徐晓林教授作了题为《数字政府建设的安全治理体系研究》的报告，中国社会科学院世界历史研究所吴必康研究员以《转嫁危机：美欧疫情中的必然动向》为题向与会的专家学者介绍了美欧的疫情形势，中国行政管理学会高小平研究员作了《预案失灵：没把管理当科学》的报告，清华大学应急管理研究基地主任彭宗超教授及其合作者暨南大学应急管理学院祝哲老师一起作了题为《风险信息、政府信息与国家安全》的报告，香港中文大学政治与公共行政学系李连江教授作了题为《从政府信任角度看新冠疫情是否可能成为特朗普的滑铁卢》的报告，香港科技大学人文社科学院蔡永顺教授作了题为《群体纠纷中的诉求对象》的报告，北京航空航天大学公共管理学院胡象明教授作了题为《公共突发卫生事件应急决策的困境及其对策》的报告，

---

* 雷丽萍，管理学博士，华东政法大学政治学与公共管理学院讲师，主要研究领域：网络安全战略、网络空间治理、网络政治与国际关系。

华东政法大学政治学与公共管理学院副院长汪伟全教授作了题为《"新基建"背景下的社会风险防控》的报告。第一部分报告的详细内容摘要见于2020年出版的《中国社会公共安全研究报告·第16辑》。

在论坛的第二部分，中央党校应急管理教研部佘廉教授首先作了题为《疫情防控拷问社区安全多元治理之路：结构与功能》的报告。佘廉教授认为，此次新冠肺炎疫情测试了城市安全的制度设计、流程设计在极限状态下的能力。极限状态体现在以下两个方面：一方面，疫情期间社区面临三项非常态任务：第一，疫情防控，包括外防输入内防扩散；第二，大型社区在疫情防控背景下社会基本秩序的保障，尤其是生活物资、防疫物资、安保物资的保障；第三，抗疫复产过程中社区的风险防控。另一方面，社区治理的主体结构也遭遇了极大挑战。疫情期间社区治理涉及六个主体，它们分别是业主、街道委办和社区办、物业公司、政府指派的防疫人员、生活物资保障队伍以及"外援"队伍（比如志愿者和"下沉干部"）。这超越了原社区治理的结构。各种力量分散，难以聚合，并且在制度设计上尚未对其进行有效规范。在这种情况下，佘廉教授基于"韧性城市"的概念，提出了一种全能型社区的构想。全能型社区从功能定位上首先能够满足社区基本生活保障，面对突发事件能够迅速集结形成应对力量，并且在社区封闭的情况下能够形成自我循环。但是，这种全能型社区相对于当前的社区治理，需要进行社区功能的重构，并解决三方面问题：第一，在政府管理流程中，对复杂多元的社区主体进行明确的功能定位；第二，加强社区的数据平台智能化建设；第三，需要应急产业的支撑。

上海交通大学国际与公共事务学院谢岳教授作了题为《危机事件与身份认同：从时间政治的角度》的报告。谢岳教授用疫情中的"武汉人"、李文亮医生、作家方方等人的故事引出了关于政治身份的问题。谢岳教授认为，在这次新冠肺炎疫情中，政治身份发挥了三方面作用：第一，公共卫生事件制造了新的政治身份，如将武汉人跟非武汉人进行了区分。第二，李文亮被问询、方方被批评等事件，激活了在当前本来不太显著的公民和官员身份边界。第三，其他国家追究中国在疫情中责任的种种举动，强化了已有的中国人对外国人的政治身份。谢岳教授提出，疫情过后，我们应当反思并减少制造那些不平衡的政治身份，减少引起冲突的身份，让疫情应对更加理性化和合理化。

上海交通大学国际与公共事务学院樊博教授作了题为《应急管理二级学科初探》的报告。他从学科建设的角度，将应急管理定位于一个二级学科，从基本情况、课程培养和建设规划三个方面进行了探索。樊博教授认为，从基本情况看，学术界将应急管理的学科定位在公共管理学科，但是基于此次新冠肺炎疫情的影响，新的应急管理学科定位应该是一个实践导向的学科。另外，由于应急管理是全生命周期的过程，因此学科课程体系培养方案应该顺应这种发展阶段。与此同时，应急管理应当是一个包括政治学、管理学、运筹学、信息技术、心理学等各种专门知识的交叉学科。对于课程培养体系，樊博教授结合上海交通大学当前应急管理学科的学科建设，介绍了应急管理的课程培养体系总体上体现了理论、方法和实践的结合。在理论层面，分为风险管理的理论和应急管理的理论，这对应了应急管理过程的事前和事后。在方法层面，他们有质性研究方法、量化研究方法、大数据分析和仿真等四门课程作支撑。在实践层面，有相关的应急预案编制、专业的学术实践的课程。就建设方向来说，樊博教授提出应急管理学科建设要结合城市的精细化管理来进行建设，针对城市的特色与一些重点安全综合整治领域，进行风险和应急响应的研究，同时对一些前瞻性风险进行预判性探索。

中国社会科学院政治学研究所樊鹏研究员作了题为《论我国公共安全治理的新型风险与挑战》的报告。樊鹏研究员认为，当前快速变化的国际国内形势导致我们安全管理的任务需要进行相应的调整。他提出，国际国内安全形势变化主要来源于以下几个方面：第一，社会结构深度的变化。最突出的表现在体制内就业人数逐年大幅下降，更多的就业人口散布于社会市场，极大增加了行政管理的复杂性和不确定性。第二，政治空间的异变。组织形态的复杂化、产业多样性、阶级多样性、社区类型的多样性以及政治类型的多样性，极大改变了权力的运行环境。人群不再局限于物理社区，突破了传统的网格化管理。新技术带来的变化深刻改变了传统国家和社会的关系。第三，全局性、整体性风险与日俱增。此次新冠肺炎疫情对社会治理体系提出了挑战。对此，樊鹏研究员提出了一些需要进一步深入思考和探索的议题：首先，重新审视当前对于安全的认识是否合理，思考危机处置的底层结构是否合适。其次，构建针对重大公共安全、政治风险，尤其是政治风险事件的数据库，从而支持对它们进行更为详细的分析。再次，由于新的组织特征的出现，需要跳出传统的家庭、单位和社区的局限，创造性思考安全管理的基本单位。最后，思考如何促进更广泛、更深层次的社会市场技术合作的治理机制，使得新兴的技术成果向整个公权力的防御体制、应对体制上转化。

南京大学政府管理学院张海波教授作了题为《应急管理的全过程均衡》的报告。张海波教授首先提出在应急管理实践中，应用最为广泛的就是综合应急管理理论，综合应急管理理论强调三个维度，一是全灾害管理，二是多主体参与，三是全过程管理。张海波教授在研究中国应急管理实践过程中发现了"不可能三角"——三方面不可能同步实现。尤其是全灾害管理和全过程管理二者同时实现困难较大。

在分析美国应急管理实践后，张海波教授发现美国存在从全灾害管理转向全过程管理的趋势，即牺牲对部分灾害类型的管理所获收益要大于重点对某一些重要灾害的全过程管理。应急管理部的成立也是顺应了这一趋势。然而，当前我国应急管理全过程机制存在不均衡的问题，具体有五大表现：一是忽视风险预防与减缓；二是削弱监测的动态性、持续性与跨阶段特征；三是割裂预警与其他响应机制的衔接关系；四是低估社交媒体条件下的舆情回应；五是缺乏有效的学习机制。对此，张海波教授提出中国应急管理的全过程均衡可同时强调准备、预防、减缓、响应、恢复、学习六项分阶段机制和监测一项跨阶段机制。

北京航空航天大学公共管理学院詹承豫教授作了题为《从"一刀切"到精细治理——城市应急管理能力现代化的实现路径》的报告。应急管理现代化是国家治理体系和治理能力组成的重要部分，通过观察此次新冠肺炎疫情中不同地方政府、不同城市的应急管理行为以及它的能力特征，詹承豫教授提出了两个问题：第一，为什么地方政府在疫情防控的不同阶段呈现出从"一刀切"到精细治理的不同应急管理模式？第二，在这个模式转换过程当中，哪些因素推动了地方政府的模式转换和应急管理精细治理的实现？通过分析，詹承豫教授认为疫情初期地方政府选择"一刀切"的原因有：第一，面对未知风险的时候，"一刀切"很有效；第二，由于时间很紧迫，"一刀切"可以快速形成资源、力量集中，可以进行有效动员；第三，"一刀切"这种方式是促使我们从初期对风险的不重视，到快速应急这样的共识转换最恰当有效的方式；第四，"一刀切"是管理成本最低的方式，对基层不用过多解释，让基层很容易理解，容易立即执行。但是，在"一刀切"的过程当中，会出现很多问题，比如过度应急，造成资源浪费；过度强调形式，不注意应急的时效和效能；在经济恢复过程当中会抑制整个经济恢复，使得损失进一步加剧，同时也造成应急措施缺乏人性化。在此背景下，从国家到地方政府转向了对疫情防控的精细治理。这表现在，首先对整个应急响应级别根据严重程度进行调整；其次，对风险地区和风险行业进行精细化分类；再次，对于不同类型人员进行精细化应急救治；又次，对整个人流数据进行精细化管理；最后，复工复产措施精细化。詹承豫教授认为推动这种转变的动因有三方面：第一，宏观政治空间。习近平总书记的"精准施政"对地方政府实施差别化、分类化处理的应急处置提出了要求；第二，疫情"传播能力特别强，致死率并不高"的风险特征决定了我们有精细治理的空间；第三，地方行政能力的提升在一定程度上推动了应急能力精细化的具体实现。

山东大学政治学与公共管理学院韩自强教授作了题为《应急管理能力：多层次结构与发展路径》的报告。韩自强教授集中从国家、应急管理部、应急管理职业人士三个层面来探讨应急管理能力是什么。韩自强教授认为，从国家层面来看，应急管理能力一方面是国家治理能力的延伸，另一方面也是国家在应急状态下的特定能力。从应急管理部的层面来说，应急管理能力更多体现在政府部门一些具体的业务层面，即不同的应急管理阶段面临不同的任务，需要不同的管理能力。从应急管理职业人士的层面来说，应急管理能力主要体现在应急救援人员应当具备的专业知识、科学素养、领导能力、政治担当和职业操守上。

清华大学公共管理学院吕孝礼教授作了题为《面向未来的风险研判机制设计》的报告。吕孝礼教授首先提出了一个实践中进行风险研判时出现的问题，即当前基于科学范式推进的风险普查，与实践中的风险管理工作之间存在断链。基于科学范式作出的风险评估结果离真正落地还有很大的空间。吕孝礼教授在技术科学视角、感知视角、社会文化视角等传统风险研判视角之外提出了建构视角，试图推进科学认识跟现实中的风险管理结合起来。这种建构视角不同于当前风险评估实践中大量的自下而上的风险报送做法，而是一种自上而下的风险研判和评估方式。这种方式在一些城市已经进行了有益的尝试，其核心是基于城市大量无偏的社情民意数据（110 指挥中心、12345 市民热线、12315 消费者热线、12319 城管热线）来实施风险评估。这些数据很少发生更改，比较忠实地记录了公众对一些问题的反应。但是常态下，它们主要存储于单个部门内部，不太容易利用其进行综合研判，难易捕获综合性风险。因此，吕孝礼教授提出，结合政府部门多年存储的自下而上数据进行两方面数据的挖掘，对风险研判工作至关重要。与此同时，风险研判还需要将一线工作人员对于风险的主观感知纳入进来。唯有如此，才是与实践高度贴合的综合风险研判。

华东政法大学政治学与公共管理学院李智超教授作了题为《基于机器学习的公共安全舆情演化与预警》的报告。李智超教授首先提出了一个有关公共安全舆情事件共性和个性问题的研究，即如何能够从无数个充满特殊性的公共安全舆情事件当中提炼出具有一般意义的经验与措施，如何能够有效对公共安全舆情进行预警和应对，而非仅仅进行事后分析和学术解释。李智超教授的基本思路是把每一个公共安全舆情事件细分为各种各样的因子，对于公共安全事件舆情的应对也细分提炼出因子，在应对效果上也尽可能提炼出细致的因子，从而可以对已经发生的公共安全舆情事件进行复盘、推演，对正在发生的公共安全舆情事件进行预判和演化分析。具体包括以下研究步骤：第一步是搭建公共安全舆情案例库的框架，构建舆情标注因子体系。第二步是进行标注因子的采集、处理和整合，其中大概有 500 多项因子、60 多项属性因子。信息来源包括国内外微博、微信、各种各样的社区论坛以及视频资料。第三步是舆情事件的入库，构建比较详细的属性特征体系。第四步是基于向量机模型、神经网络模型构建三个子集推演模型。第五步是进行公共安全舆情的演化分析与预测。第六步是构建推演模型及测算。整个研究设计其实是深度学习的自动入库、自动标注和自动推演。

南京大学政府管理学院肖唐镖教授作了题为《"稳定压倒一切"是如何形成的》的报告。肖唐镖教授首先提出要研究的问题，即20世纪80年代中后期由邓小平同志提出来的"稳定压倒一切"这一政治宣言是如何进入政策实践的，并试图为这一问题建立一个分析性框架。这个分析性框架围绕几个小问题展开讨论：第一，领导人这一话语表达的真实意思是什么；第二，这种意思表达、政策实践和制度安排背后体现了什么价值理念；第三，"稳定压倒一切"在多年来的实践层面是怎么变异的；第四，形成了怎样的制度安排。肖唐镖教授认为，虽然毛泽东、邓小平两位领导人在实现稳定的方式、目的、手段选择上有异也有同，但是这一话语表达真实意思体现在四项基本原则里。这种意思表达的背后体现出相对于自由、尊严、权利等价值，秩序排在首位，是压倒一切的优先选择。在实践中的变异，主要体现在它使得地方政府走向了极限的维稳，甚至成为部分地方政府不良行为的"借口"。在制度安排上，中国现在的社会维稳体制与机制实践主要依靠政府体制来操作，通过自上而下的管控管治来实现。

上海交通大学国际与公共事务学院朱德米教授作了题为《新冠疫情防控与非常态治理能力提升》的报告。朱德米教授从这次疫情的社会属性、大流行病的了解、常态与非常态治理关系、非常态治理在中国体制下怎样演变以及非常态治理能力的路径等五个方面进行阐述。朱德米教授认为，从各种渠道资料整理来看，这次疫情的社会属性是"新"，因此对特定国家和地区冲击非常大。对于本次疫情的传播，朱德米教授根据疫情传播与流动性之间的关系，将疫情划分为四个阶段：早期出现阶段、输入型阶段、暴发阶段和大流行阶段。而对于常态与非常态治理之间的关系，朱德米教授认为非常态治理体系的重要基础就是常态治理，非常态治理是对常态治理的考验。非常态治理体系包括风险治理、危机治理、应急治理三个方面的治理。在上述基础上，朱德米教授指出当前中国非常态治理在实践中形成了一套模式：由于地方政府风险职责、风险意识相对薄弱，早期预警能力弱，带来不惜一切代价的应急响应、"纸上谈兵"的应急预案、一哄而上的科学研究，最后匆匆忙忙地补短板和补历史欠账。针对这种模式，朱德米教授提出了以下的治理路径：第一，在"十四五"发展规划里要编制城市风险报告，要突出风险清单拟定、系统风险防范、治理能力建设；第二，要建立以情景模拟和应对能力为核心的应急预案；

第三，推进科学顾问制度，培训并提高地方领导人的科学素养和治理能力；第四，要推进社会信息公开，并应加强研究社会信息如何公开。

复旦大学国际关系与公共事务学院李瑞昌教授作了题为《联动与联体：作为社会治理制度的在线调解创新》的报告。李瑞昌教授首先介绍了化解社会矛盾的制度以及这些制度在实践中碰到的难题。化解社会矛盾有两项重要制度：第一，调解制度，包括人民调解制度、行政调解制度和司法调解制度。第二，司法审判制度。在当前的实践中，人民调解、行政调解和司法调解分属于不同的制度体系，很难形成合力，如何使这三种调解制度合在一起形成新的制度效能，这是实践中碰到的第一个难题。实践中碰到的第二个难题是基于当事人双方意愿达成的调解协议并不具备强制效力，当事人事后反悔导致调解的效率比较低。如何使调解协议直接进入司法审判制度？通过实地调研，李瑞昌教授总结了莆田社区和浙江平台独特的经验，从而为解决这两个实践难题探索出了可能的路径。莆田社区用互联网的技术手段汇聚了人民调解员、行政人员、律师和法官等三种调解制度下的调解人员进行共同调解，成效显著。浙江平台由浙江省高级人民法院牵头，要求相关机构都加入，使调解制度和审判制度连接在一起，极大提高了调解的效率。由此，李瑞昌教授总结提出：共建共享社会治理的格局，需要制度活力，信息技术能够改造工作流程和组织结构，使制度联动和联体提高制度效率。

中央党校应急管理教研部钟开斌教授作了题为《习近平总书记关于公共安全的重要论述——一个基本框架》的报告。钟开斌教授通过仔细查阅总书记关于公共安全的相关论述摘编、新华社的报告以及《人民日报》等的报道，试图从中总结出一个基本框架来概述总书记关于公共安全的重要论述。借鉴战略管理基本思想，钟开斌教授从环境维度、使命维度、运作维度三个维度来搭建这个基本框架。从环境维度来看，总书记强调严峻性、多样性、关联性三点。严峻性是指公共安全形势处于比较严峻的阶段，多样性是指中国存在政治安全问题、意识形态安全问题、科技风险问题、文化风险问题等多元安全问题，关联性是指不同风险之间以及风险在不同地方之间连锁联动，耦合氧化叠加，形成风险综合体。使命维度主要是指公共安全的战略定位。总书记对此的论述可以归结为基础性、保障性、战略性。具体而言，公共安全的基础性即公共安全关系到人民群众的切身利益，公共安全的保障性即公共安全事关经济社会发展大局，公共安全的战略性即公共安全事关党的执政能力，事关中国梦，事关两个一百年奋斗目标的实现。从运作维度来看，主要强调的是针对公共安全的战略部署。具体而言，在管理对象上，总书记强调作全类型应对和整合；在阶段上，强调全过程管理，尤其是重点强调事先风险防范和应急准备。在管理主体上，强调全社会参与，尤其是让市场和社会机制更好参与。最后，钟开斌教授着重指出，总书记是用总体国家安全观统领了整个公共安全战略。

中国科技大学管理学院魏玖长教授作了题为《缺陷消费品召回情景下的消费者风险感知分析》的报告。魏玖长教授研究了汽车产品召回公告对于消费者购买意愿的影响，研究采用美国近三十年来三百多万条汽车产品的投诉数据。分析显示，召回公告和召回事件确实对公众风险感知有提升作用，可能让其他品牌受益，但是长期、中期、短期程度影响不同。影响最大的是消费者对短期风险的感知；相对于短期风险感知，消费者对于中期风险的感知显著放缓；对长期风险感知影响不大。另外，媒体报告的波动模式也会影响消费者对风险的感知。具体而言，在召回过程中，媒体的报道存在不同的波动模式，如果媒体报道数量波动性非常强，那么车辆销量会呈现下降的趋势；如果媒体报道数量呈现递减趋势，那么车辆的销量反而是上升的。从市场的角度来解释，媒体报道的递减趋势会让消费者认为厂家是负责任的，敢于正视瑕疵商品问题。魏玖长教授通过该研究得出了新冠肺炎疫情信息传播模式的启示，即不要让突发事件的信息传播发展成具有波动性，从而导致公众负面情绪的升级。

上海市委党校董幼鸿教授作了题为《技术治理与城市公共安全风险防控：以上海城市"一网统管"体系建设为例》的报告。董幼鸿教授在 2019 年 11 月习近平总书记在上海考察时提出"两张网"建设任务的背景下，试图梳理并厘清上海市技术治理新工具"一网统管"的由来、"一网统管"在上海市的具体做法以及未来的建设方向。董幼鸿教授指出"一网统管"来源于三方面动因：一是由于当前城市作为有机生命体常常面临叠加、耦合型风险，而传统基于单一部门管理的做法信息无法共享，因此面对复杂风险难以奏效。二是当前社会出现了诸如网约车、群租以及线上英语培训等新平台经济形态，这对于政府管理模式提出了新挑战。三是现代科技发展为"一网统管"提供了条件。在此基础上，董幼鸿教授介绍了当前上海市施行"一网统管"的做法。上海市"一网统管"在组织架构上接入了三级成员中心，由市政府办公厅副主任牵头，成员中心分为进驻单位和派驻单位，进驻单位包括总值班室、应急管理局的指挥中心、应急管理局的预案管理处，派驻单位主要是相关职能部门。上海市"一网统管"以原有城市管理系统为基本载体，成员中心变成平台，着眼于防范化解重大风险，尤其是要解决跨部门、跨层级联动的问题。在技术层面，上海市"一网统管"重点着眼于数据的归集、融合、共享和应用，要把城市间、城市部件、城市动态等全域数量化，力图把整个城市信息孪生到网络上，从而以数据为基础，以平台为载体，将各个要素进行整合并动态调整城市管理。上海市

"一网统管"在进行技术系统建设的同时，还伴随了工作职能整合、业务流程重塑、体制机制优化和人员队伍建设，使得城市管理从人力密集型向人机交互型转变，由经验判断型向数据分析型转变，由被动处置型向主动发现型转变，以期赋予城市管理更多自我判断、自我感知、自我调整的能力。对于未来的建设方向，董幼鸿教授提出：第一，进行文化建设，解决以"一网统管"为标志的智慧政府建设从上至下的建设理念和建设共识问题；第二，强化三级成员中心的平台建设，升级原来的网格化中心；第三，探索基于科技赋能和数据整合的应用场景开发；第四，强化数据治理安全和数据标准化，打造基于"云"的网上治理体系；第五，探索制度标准建设的问题。

中南大学公共管理学院张桂蓉教授作了题为《后真相时代校园危机管理如何实现"釜底抽薪"》的报告。张桂蓉教授基于2019年3月12—18日发生的由于谣言引发家校冲突和警民冲突的成都七中食品安全事件，提出后真相时代校园危机管理该如何实施的问题。张桂蓉教授试图通过构建危机信息治理模型揭示成都七中实验学校的应急处置过程，并在此基础上提出 Web 2.0 时代校园危机管理的新方案。这个新方案的核心在于收集校园管理中的相关风险信息，并将其纳入全流程、全过程危机管理，同时设置一个常规化危机信息收集筛查小组，采用风险清单的方式对校园安全突发事件风险进行研判，并根据风险研判的结果设置组件不同的处置机构，最终形成一个包括信息摸排和风险评估、信息分析与证据保全、信息整合与应急处置、信息对话与信任构建、信息服务与档案的归档备案的校园危机管理闭环。

华东政法大学政治学与公共管理学院杨帆副教授作了题为《疫情防控中复合式动员体系构建与实践》的报告。杨帆副教授提出了两个核心研究问题：在疫情防控中，政府动员、商业组织与社会组织动员、群众动员分别具有怎样的实践特征？三种类型动员为何需要复合使用？通过对三种模式的简要总结，杨帆副教授提出了三种模式在疫情防控实践中的特征：第一，政府动员。在国家目前职责同构和齐抓共管的制度模式之下，疫情防控工作中许多省份采用了双矩阵式临时性的应急工作协调模式，即设立疫情工作领导小组，并在领导小组之下设立疫情工作指挥部。这是一种新型的复合式矩阵模式。第二，商业组织与社会组织动员。这两类组织参与应急防控工作主要是为了实现四个目标：一是信息采集与共享，二是专业与技能互补，三是监督问责，四是组织志愿行动。第三，群众动员。在疫情防控工作中群众动员有两种形式，一是在西方文献中受到关注、基于属地临时集结的应急市民小组，二是中国特有的群防群治。在疫情防控实践中，这三种模式相互复合使用，主要具有以下三个方面的特征：第一，身份共享，原先归属于不同类型部门中的人员,可以在临时成立的应急小组当中或者群防群治系统中获得统一的政策身份。第二,在具体任务执行中三种类型部门相互嵌入,两两复合,部门边界逐渐模糊,并且存在交叠的情况。第三,目标导向型任务管理模式。将工作时间、人力和资源分配到任务执行而非任务设计上。在上述特征总结的基础上,杨帆副教授最后对复合式动员的局限进行了反思。他认为局限主要包括:首先,现行的复合式动员在事后补救中发挥了积极作用,但是未能有助于社会风险预警和评判,甚至会人为制造出新的问题。其次,现行的复合式动员因缺少制度依据,过度依靠地方政府自主研判或者临时性的制度设计,不利于全国整体制度性建设。

本次论坛中,各位专家学者以国家治理体系现代化为导向,以公共安全体系建设为着眼点,展开了深入的学术交流和充分的思想碰撞。其中既有对国家历史与当前公共安全理念和形势的解读,也有对校园应急、公民个体风险感知的关怀,既有对抗疫过程中城市治理、动员模式的总结和反思,也有对风险管理能力提升和制度创新的设想和展望。这些研究为此次新冠肺炎疫情背景下国家公共安全治理经验和教训的总结贡献了宝贵的中国经验。

国家安全与治理

美国与伊朗的安全博弈

——以"战争边缘理论"为中心*

韩睿鼎　孙德刚**

摘　要：2020年伊始，伊朗伊斯兰革命卫队"圣城旅"指挥官苏莱曼尼遭美国"无人机"暗杀，一度将伊朗与美国推向战争边缘，但随后双方的克制使得局势迅速降温，引发学界诸多讨论。本文从博弈论视野下的"战争边缘理论"出发，探讨美国与伊朗在苏莱曼尼事件当中的行为逻辑，认为战争边缘理论可以对双方从"战略冒进"到"战略克制"的行为给出解释。本文基于战争边缘理论，讨论了该事件对伊朗核问题的影响以及伊朗"反讹诈"与"反遏制"斗争策略，指出从长远来看，重启核计划是伊朗有效反制美国极限施压的手段。在美国组建的"中东战略联盟"的超级遏制下，伊朗重启核计划的决心将大幅增强，国际社会需要以更加务实的态度开展外交斡旋、管控危机。

关键词：苏莱曼尼事件；美国中东政策；伊朗核问题；博弈论；战争边缘理论

一、问题的提出与文献综述

美国是全球军事大国，伊朗是中东地区军事大国，两国曾经是相互依存的战略

---

* 本文系2019年国家社科基金重点项目"'中阿合作论坛'框架下中国对阿拉伯国家整体外交研究"（编号：19AGJ010）的阶段性成果。

** 韩睿鼎，上海外国语大学国际关系与公共事务学院、中东研究所2019级博士研究生，主要研究领域：中东核问题。孙德刚，复旦大学国际问题研究院研究员，主要研究领域：中东政治、军事、国际关系与中国中东外交。

伙伴。第二次世界大战结束后，伊朗和沙特是美国维护海湾地区稳定的两大"桥头堡"，美国还曾帮助伊朗发展核项目；1979年伊朗伊斯兰革命爆发后，美伊一夜间从亲密的盟友变成了不共戴天的敌人。两国多次剑拔弩张，但最终都化险为夷，重大危机最终都平稳"软着陆"，其中的原因值得探讨。

奥巴马执政时期，美国通过外交和解，将伊朗纳入国际体系，利用国际规则对其进行"改造"，为美国战略重心东移亚太做准备。在奥巴马执政后期，尤其是2014年"伊斯兰国"横空出世后，美国和伊朗在反恐问题上存在共同利益，甚至形成了心照不宣的"反恐准联盟"。特朗普担任美国总统以来，"伊斯兰国"在各方打压下一蹶不振，被迫转入地下，中东地区的主要矛盾从联合反恐转向大国地缘政治竞争，伊朗从美国的反恐盟友变成竞争对手。美国单方面撕毁核协议，重新将伊朗排斥在国际体系之外，阻止伊朗挑战美国主导的中东秩序。

在孤立和封锁伊朗的过程中，特朗普政府将伊斯兰革命卫队列为恐怖组织，在伊朗周边地区部署B-52战略轰炸机和无人机，并一度将"亚伯拉罕·林肯"号航母战斗群开往波斯湾地区。美国一方面想从中东抽身，另一方面又不能容忍伊朗做强做大，决心和盟友一道对伊朗采取经济制裁、外交孤立、军事遏制的立体封锁。美国甚至将伊朗最高精神领袖哈梅内伊也列为制裁对象，并采取"长臂管辖"，威胁制裁购买伊朗石油的国家和企业。美国此举旨在进一步压缩伊朗在中东的地缘政治空间，阻止第三方与伊朗政府和企业开展经贸往来，削弱伊朗"对外扩张"的经济基础。

美国的石油和金融制裁使经济低迷的伊朗雪上加霜，但伊朗应对制裁经验丰富，并采取了反制措施。在国内，伊朗积极增强抵制美国制裁的免疫力，大力发展实体经济，减少对石油出口的依赖；在地区层面，伊朗发出"霍尔木兹海峡和平倡议"，呼吁海湾国家在不干涉内政、和平共处的基础上建立集体安全，避免军备竞赛和集团对抗，反对外部力量干涉地区事务；在全球层面，伊朗积极利用国际舞台，争取联合国、欧盟、俄罗斯和中国的支持，参加"阿斯塔纳进程""上合组织领导人峰会"和"慕尼黑安全会议"等，同时呼吁坚持多边主义和维护伊朗核协议，孤立奉行单边主义的美国。伊朗还积极影响伊拉克、也门、阿富汗、叙利亚、黎巴嫩和巴以和平进程，彰显伊朗地区大国地位，挑战美国的霸权。

2020年伊始，美国驻伊拉克军事设施遭不明武装袭击，造成人员伤亡，随后美国驻巴格达使馆接待室遭示威群众焚毁。这让美国担心1979年美国驻德黑兰使馆遭围攻，最终美国和伊朗反目成仇的一幕会在巴格达重演。美国指责伊朗伊斯兰革命卫队系统策划了上述针对美国设施和人员的袭击。特朗普在事先未与国会协商的情况下下令采取绞杀行动。1月3日，伊斯兰革命卫队"圣城旅"指挥官苏莱曼尼在巴格达机场附近遭美军MQ-9"死神"无人机袭击身亡，同车上的伊拉克"人民动员组织"副指挥官等数人也一同遇难。

特朗普发动的"定点清除"行动打破了美伊之间多年来"斗而不破"的默契，美国甚至不顾大国形象和国际法禁忌，用无人机对另一国现役军事将领实施"斩首行动"，引起伊朗朝野一片震惊和愤怒。伊朗总统鲁哈尼扬言要把所有美军赶出中东地区，亲伊朗的中东众多武装组织誓言复仇。最引人注目的莫过于1月8日凌晨，伊朗发射10多枚弹道导弹，袭击了美军驻伊拉克西部和北部的阿萨德空军基地和埃尔比勒基地。① 一时间，关于战争爆发的担忧甚嚣尘上。然而，伊朗对美国基地进行导弹报复后，反复申明报复行动已经结束。同时，美国也对基地遇袭事件低调处理，掩盖真实的伤亡数字。② 特朗普也一改此前的强硬态度，在1月9日的电视讲话中改口称其拥抱和平，美国和伊朗爆发战争的风险又戏剧性地迅速降低。对此，一些评论认为，苏莱曼尼事件不过是特朗普行事鲁莽不计后果的又一结果，当看到伊朗作出强硬还击后，特朗普被迫改口以避免战争。

从学术研究来看，这场突如其来的危机事件中，出现了许多值得思考的问题。美国为什么敢于在自身未做好战争准备的情况下进行足以挑起战争的挑衅行动？伊朗为什么在苏莱曼尼被袭身亡事件中表现出超乎寻常的克制，甚至在发射导弹进行报复前还要通知美军以避免造成大量伤亡？为什么美国的态度在伊朗实施报复前后发生了"戏剧性"的转变？双方能够默契地将原本风口浪尖的局势迅速稳定，其机制是什么？目前学界对美国和伊朗关系的分析以就事论事的媒体评论为主，重叙事，轻学理，对美国与伊朗关系的现状作了细致描述，但是未能深入分析影响其走向的背后原因。③ 尤其在2020年1月下旬以来美伊冲突降温、中东地区新冠肺炎疫情暴发后，学界对该问题的学理探讨基本停止。要对上述问题作出合理回答，就不能把美国暗杀苏莱曼尼的行动简单地看作特朗普一时冲动的结果，相反，应当找寻事件背后的逻辑才可能全面解读美伊双方的行为。

---

① U.S. Department of Defence, DOD Statement on Iranian Ballistic Missile Attacks in Iraq, Jan. 7, 2020, https://www.defense.gov/Newsroom/Releases/Release/Article/2052103/dod-statement-on-iranian-ballistic-missile-attacks-in-iraq/, visited on 2020-01-24.

② The White House, Remarks by President Trump on Iran, Jan. 8, 2020, https://www.whitehouse.gov/briefings-statements/remarks-president-trump-iran/, visited on 2020-01-24.

③ 草苍:《美国和伊朗：制裁、战争与脆弱的和平》，载《文化纵横》2019年第3期；胡高辰：《美国击杀苏莱曼尼事件后的伊朗核问题形势》，载《世界知识》2020年第4期；Ayman Saleh Albarasneh and Dania Koleilat Khatib, The US Policy of Containing Iran: From Obama to Trump 2009-2018, *Global Affairs*, Vol. 5, No. 4-5, 2019, pp. 369-387.

二、战争边缘理论：内涵与假设

我们认为，对于苏莱曼尼事件中美伊双方的行为可以用博弈论中的战争边缘理论（Brinkmanship Theory）进行合理解释。美国主动并熟练运用战争边缘策略，迫使伊朗被动应对，同时在拥有足够开战理由且美国并未准备好迎接战争的情况下，依然无法作出有力回击。而伊朗如果谋求反制将导致其拥核动机大幅增加，伊朗核问题前景未来如何发展，取决于国际社会的共同努力。

美国暗杀"圣城旅"指挥官苏莱曼尼，打破了美伊避免直接交手的默契，似乎打开了"潘多拉的盒子"。然而，美国是全球大国，伊朗是个拥有政治抱负的文明古国，两国均需要对内安抚民意、挽回颜面，对外显示斗争意志、维护国家尊严。同时，无论美国还是伊朗均十分谨慎，避免陷入全面军事对抗的漩涡。

特朗普政府保持警惕，避免在2020年大选前美伊冲突失控，造成战争升级。首先，美国继续追加对伊朗的经济制裁，试图通过经济手段达到政治目的，压垮伊朗经济，导致其收支严重失衡，无力插手阿拉伯世界事务；2020年2月，伊朗新冠肺炎疫情扩散后，美国丝毫没有放松对伊朗药品和生活必需品的禁运，特朗普甚至乐见伊朗经济困难，民怨四起。其次，美国对伊朗支持下的伊拉克什叶派民兵武装继续进行围剿和打压，还纵容以色列越境袭击叙利亚南部地区的伊斯兰革命卫队和黎巴嫩真主党驻地，削弱伊朗在东地中海地区的军事影响力，迫使其收缩战线。

美国和伊朗低烈度军事冲突将常态化，报复与反报复斗争还将延续，加剧了中东局势的动荡。同时，双方均保持克制。美国众议院于1月10日通过决议，谴责特朗普下令发动无人机袭击、杀死苏莱曼尼；1月30日，美国众议院表决通过《禁止对伊朗战争法》，该议案明确在没有国会批准下，国会不会拨款支持针对伊朗的军事行动，这将进一步削弱特朗普军事冒进、对伊朗动武的能力。伊朗在1月份与美国的军事斗争中误击乌克兰一架民航飞机，造成100多名无辜乘客遇难，引起伊朗社会的不满，伊朗国内反战情绪也很强烈。

从美国应对此次危机可以看出特朗普政府鲜明的战争边缘策略。按照提出者托马斯·谢林（Thomas Schelling）的说法，所谓"战争边缘"，本质上是一种博弈论范畴，它是将对手带到灾难边缘迫使其撤退的一种策略。[①] 战争边缘策略通过制造风险来迫使对手让步，但这个风险的大小需要进行精密的控制，它应当足够大以至

---

① ［美］托马斯·谢林：《冲突的战略》，赵华等译，华夏出版社2006年版，第155—157页。

于对手无法承受从而奏效，又应当足够小以至于实施者能够承受或至少较对手能够承受从而足够可信。同时，实施者仅仅依靠制造风险还不足以保证让对手退让。面对确定的风险，对手可以采取小步前进策略，逐步让实施者重新确定忍耐底线。从这个意义上说，战争边缘类似于现在广为使用的"极限施压"概念。但"极限施压"这一提法并不严谨，因为其隐性逻辑是：施压者制造出的风险越大、越极限，就越能够达到让对手退让的目的。事实上，过大的风险也将导致施压者自身无法接受，从而失去威胁的可信性。由于风险成真对实施者同样不利，对手也可以因为风险成真与否完全在实施者控制之下而认为实施者不会真地将威胁付诸实施而采取冒险行为。对此，战争边缘策略提出的解决办法是，让风险处于一种刚刚超出控制的微妙情况。战争边缘中的"边缘"并不是如悬崖峭壁一般有着明显的边界，而是一个不断变得陡峭的光滑斜坡。这意味着实施者通过制造风险将对手带到了这个光滑斜坡之上时，双方都能看见风险不断增加，却又都无法判断风险何时成真的临界点，放任风险增加将导致在未知的某时刻博弈双方跌落至谢林提到的"曲滑的斜面边缘"，即便双方已经后悔也无济于事，从而极大压缩对手的策略选择空间。① 战争边缘策略被提出后，相关研究在国际政治领域主要集中在冷战中的核战争、核阻吓及核威慑等核相关问题，对其在国际政治其他领域的研究略显不足。② 这可能与战争边缘策略自身的局限性和苛刻的实施条件有关，使其在冷战后的适用范围有所缩小。肯尼迪在古巴核危机中的做法被普遍认为是战争边缘策略在国际政治领域成功实施的经典案例，而通过下文的分析我们将看到，今天的特朗普同样是使用战争边缘策略的好手。

要理解美国为什么选择战争边缘策略，必须先理解美国中东政策的转型。从全球层面来说，美国战略重心转向大国竞争，中东地区依然重要但战略地位有所下降。美国战略重心转向大国竞争已无须多言，相应的资源投入势必减少美国对中东地区的关注程度。③ 同时，页岩气革命后美国一跃成为能源出口大国，对油价影响

---

① 〔美〕阿维纳什·K. 迪克西特、巴里·J. 奈尔伯夫：《策略思维——商界、政界及日常生活中的策略竞争》，王尔山译，中国人民大学出版社2002年版，第169—177页。

② R. Powell, Nuclear Brinkmanship with Two-Sided Incomplete Information, *American Political Science Review*, Vol. 82, No. 1, 1988, pp. 155-178; B. Nalebuff, Brinkmanship and Nuclear Deterrence: The Neutrality of Escalation, *Conflict Management and Peace Science*, Vol. 9, No. 2, 1986, pp. 19-30; Thomas C. Schelling, Nuclear Strategy in Europe, *World Politics*, Vol. 14, No. 3, 1962, pp. 421-432.

③ 牛新春：《选择性介入：美国中东政策调整》，载《外交评论》2012年第2期。

举足轻重，中东产油国话语权不断下降进而导致中东地区战略地位下降。① 从地区层面来说，美军撤离中东地区及伊朗对外军事输出引发美国盟友不安，美国必须安抚盟友并维持影响力。特朗普此前轻率地宣布从叙利亚撤军以及对库尔德人的抛弃都使美国饱受批评，严重损害了美国在中东的信誉和影响力，而伊朗在叙利亚内战及也门冲突中的活跃表现令世界瞩目，这些引起了海湾国家和以色列对美国的疑虑。美国有必要修复受损的联盟关系，以打消盟友对美国从中东抽身的担忧，同时不至于重蹈伊拉克战争的覆辙。从国内层面来说，特朗普面对选举和弹劾压力，展示强硬态度但又不陷入战争有利于稳固其国内支持。沸沸扬扬的"通乌门"以及2020年大选使特朗普迫切需要稳固住其基本盘，在中东地区保持存在及对伊朗保持强硬等可以满足亲以色列团体、福音派基督徒、军工集团等富有影响力的特朗普支持者的诉求。与伊朗爆发战争很难说会如何影响大选走势，但可以肯定的是弹劾重压下的特朗普并不欢迎爆发战争所带来的诸多不确定性。

综合考虑上述三个层面因素的影响不难看出，当今美国寻求以更低的成本维系其在中东地区的影响力。② 更低的成本意味着美国不能再卷入一场海湾战争或是伊拉克战争。要做到这一点，美国必须避免主动宣战，或是对手作出导致美国不得不宣战的敌对行动。维系在中东地区的影响力意味着美国不能不顾自身及地区盟友的诉求和关切。鉴于中东地区矛盾尖锐、战乱不断的政治现实，美国要做到这一点，离不开军事介入。③ 这就导致当美国不得不采取军事行动时，过往的单边主义行为不再行得通，而需要更加高效地利用自身资源，同时要更加谨慎地研判自身行为会不会导致对手的激烈报复。而战争边缘策略由于自身的特点，恰好能满足这些需求。战争边缘策略有以下四个理论假设：

假设一：战争边缘策略能够以更低成本发挥美国最引以为豪的军事优势。不同于直接的军事介入或战争威胁，战争边缘策略并不要求立即投入大量的军事资源，而是要求实施者拥有制造风险并暗示这一风险有可能转化为可怕的战争后果的能力，这对于美国来说显然不成问题。大量的军事部署和动员反而不利于这一策略的实施，因为这会造成对手难以相信作出退让可以规避风险，也容易激化局势使风险完全失控。这使得美国实施战争边缘政策面对国际及国内的阻力大大小于过去的大规模军事行动。

---

① Dania Koleilat Khatib, US-Arab Gulf Relations Amidst Regional and Global Changes, *The International Spectator*, Vol. 52, No. 2, 2017, pp. 102-114.
② 张帆：《诉诸灰色区域——特朗普政府伊朗新战略透视》，载《世界经济与政治》2018年第5期。
③ 孙德刚：《特朗普政府中东政策评析》，载《美国问题研究》2017年第2期。

假设二：战争边缘策略比明确的战争威胁更加可信和灵活。美国不愿轻易在中东陷入战争，但又必须时常以军事力量威胁对手。美国发出明确的战争威胁不妨碍对手采取小步前进策略，一步一步地进行反击，还会使美国在对手确实越过红线时面临动武与否的两难抉择。边缘政策则通过发生战争的风险而非发生战争的确定性威胁对手，强调的是发生战争的风险不断增加且双方都无法判断出准确的临界点。对手会认识到战争即便在双方都不愿发生的情况下依然可能爆发，这一效果是划定明确的战争红线或是进行直接的战争威胁所无法达到的。① 同时，边缘政策不要求实施者作出太多明确承诺，规避了动武陷入战争不动武失去威信的两难抉择，在一定程度上为自身留下了回旋余地。这使得美国在保持自身军事威胁可信性的同时获得充分的行动自由。

假设三：战争边缘策略能够逼迫那些对美国毫无信任乃至敌视的行为体采取合作态度来规避风险。和所有策略行动一样，战争边缘策略通过改变对手的预期收益来影响对手的行为，即制造出令对手难以接受的风险，通过惩罚而非激励发挥作用。这意味着战争边缘策略的可信度主要建立在风险的可信度之上，实施者与对手之间的信任并非关键要素。老练的边缘政策实施者善于控制风险，使风险对对手的危害总是高于自身，而且不存在风险何时成真的明确边界。这使得对手认识到不能因为风险成真对实施者自身同样不利而轻率地认定风险不会变为现实。即使对手对于制造风险的实施者毫无信任，出于对风险成真带来的可怕后果的恐惧，对手也总是倾向于试探而非针锋相对。② 这使得在当前美国和伊朗力量的对比下，美国实施战争边缘策略很难会遭到来自伊朗的强硬报复。

假设四：如何处理风险十分考验对手的综合实力。实施战争边缘策略带来的风险往往来势汹汹，且对于实施者及对手都存在较大不利影响。在危机条件下，受限于有限的时间和信息，国家并不总是能够进行恰当的分析及应对。③ 国内政局错综复杂的对手面对边缘政策实施者制造出的危机尤其脆弱，其内部易产生分裂和混乱。正如上文中提到的，老练的边缘政策实施者通过精明的风险控制手段，可以大幅限制对手的行为，保持克制并退让往往是明智之举。但主张强硬回击的派别可以

---

① R. Powell, Nuclear Brinkmanship, Limited War, and Military Power, *International Organization*, Vol. 69, No. 3, 2015, pp. 589-626.

② M. Schwarz and K. Sonin, A Theory of Brinkmanship, Conflicts, and Commitments, *The Journal of Law, Economics, & Organization*, Vol. 24, No. 1, 2008, pp. 163-183.

③ Paul't Hart, Uriel Rosenthal, and Alexander Kouzmin, Crisis Decision Making: The Centralization Thesis Revisited, *Administration & Society*, Vol. 25, No. 1, 1993, pp. 12-45.

利用危机带来的不安全感及爱国主义情绪，煽动民众并攻击妥协派的软弱，为自身谋取政治资本。相应地，主张妥协克制的派别也会从强硬派目光短浅不顾全局等角度进行反击。这种政治上相互攻讦很容易引起过去被掩盖的内部矛盾集中爆发，使国家自乱阵脚。很不幸，伊朗正是一个内部斗争严重、社会矛盾突出的国家。这使得美国实施战争边缘策略能够加剧伊朗内部分歧。上述四个理论假设论证了战争边缘策略是美伊博弈当中高效且成本较低的策略行动，其付诸实践是合乎逻辑的。

三、实证分析：美国战争边缘策略的实施、效果及影响

战争边缘策略是一种心理战，旨在向对方发出信号，但并不容易实施，也在很多情况下无法奏效而效用大打折扣。战争边缘策略奏效的前提之一是对手足够理性、谨慎，这使得战争边缘策略在对付恐怖组织时成效不大。战争边缘策略的实施必定伴随风险，而风险本身带来的不安和恐慌是民众、市场、政府所不喜欢的。战争边缘策略要求风险存在失控的可能，这对于大部分习惯于确定性和运筹帷幄的政治家而言难以接受。战争边缘策略要求实施者具备对自身及对手相当的了解、出色的风险控制能力、足够的硬实力以及临危不乱地进行冷静决策等。战争边缘策略本质上是一种精密建构的威胁，往往伴随着对国际法和国际规范的破坏及对自身权势的滥用，会损害策略实施者的软实力。然而，战争边缘策略的上述局限性对于特朗普并不构成问题。特朗普的主要兴趣在于大国竞争而非反恐战争，其对手大部分是理性的国家行为体。作为成功的商人，特朗普视风险为机遇，在对风险的理解和把握上远超一般的政治家。特朗普深谙谈判与博弈之道，并不在意外界对其捉摸不定、反复无常的批评，相反，保持一定程度的随机行动常常是在博弈中取胜的关键。作为"政治素人"的特朗普对国际机制缺乏认识，相较于软实力，特朗普更重视实实在在的物质利益。美国的硬实力也赋予了特朗普实施战争边缘策略的底气，因为同样的风险对于对手的威胁往往高于其对美国的威胁。战争边缘策略尽管实施过程充满风险和不确定性，但一旦成功，往往能不战而屈人之兵，起到事半功倍的效果。这使得具备相应条件的特朗普选择采取战争边缘策略这种高效手段是顺理成章的。下文就苏莱曼尼事件中美国如何实施战争边缘策略的具体问题加以说明。

第一，制造并控制风险。边缘政策要求制造风险，同时该风险应当被精心地控制在一定范围之内，使其足够大以至于对手难以承受，又足够小以至于足够可信。试想如果美国暗杀的是哈梅内伊，战争边缘策略将不再适用，因为这一行动带来的风险远远超出了美国的控制范围。苏莱曼尼作为"圣城旅"指挥官，多年来在伊

海外军事活动中发挥了无可替代的作用，对"抵抗轴心"得以建立功不可没，是伊朗在伊拉克等地扩张势力的主要谋划和推动者。但苏莱曼尼作为伊斯兰革命卫队成员，在伊朗国内政治中并不处于特别高的地位，而且苏莱曼尼长期开展的海外活动导致与伊朗敌对的以色列、沙特等国对之积怨颇深，受到直接打压的伊拉克的萨德尔等人更是希望将苏莱曼尼除之而后快。精明的目标选择为美国实施战争边缘策略提供了条件：击杀苏莱曼尼本身能够让美国实现遏制伊朗海外军事力量的输出、避免美国目标遇袭、[1] 提升美国在地区盟友中地位等诸多战略目标，苏莱曼尼独特的地位又使得击杀他引发的战争风险处于微妙的可控范围之内。

第二，没有明显的临界点。这一点相当程度上得益于特朗普这位非建制派的美国总统让外界预判美国行为出现很大困难。边缘政策要取得成功，必须使对方不知道风险成真的确切临界点。为什么要引入这种不确定性而不是划定红线？原因在于爆发战争的风险大大增加了。伊朗很清楚自身面对战争是脆弱的，美国同样不愿意轻启战端。但特朗普的存在使伊朗发现，以美国不愿卷入战争为由进行强硬回击可能会出现这样一种局面，即特朗普在美国国会、国防部、智库、舆论等都存在大量反对声音的情况下依然执意发起军事行动。这次暗杀苏莱曼尼行动就是在诸多部门毫不知情的情况下由特朗普直接下令执行的。[2] 更重要的是，特朗普出名的反复无常、捉摸不定导致没有人能够知道这种风险何时会成真。不管这是不是特朗普刻意给世人营造出的印象，特朗普确实使得揣摩美国的意图和关切即便对于美国盟友而言都无比艰难，更不用说作为敌对国家的伊朗。没有临界点使得伊朗每一步行动都如履薄冰，即便迫于国内压力不得不采取报复行动，也只能是小心翼翼。

第三，退让可以消除风险。一些评论对于美国对美军驻伊拉克基地遭受伊朗弹道导弹攻击后的低调态度及掩盖受伤人数等行为感到困惑不解，事实上，这些举动是成功实施战争边缘策略所必要的。美国必须设法使伊朗认识到，进行退让能够让风险降低。伊朗的导弹报复事先通知了美方，避免大量的美军人员伤亡，且袭击过后伊朗反复强调报复行动已经结束，这种试探性质的报复说明伊朗保持了克制态度。这种情况下美国必须给予积极回应，让伊朗明白自身的退让确实降低了战争爆发的风险，这样才能让伊朗的克制得以维持。如果美国就基地遇袭事件大动干戈，

---

[1] U. S. Department of Defence, Senior DOD Official Describes Rationale for Attack on Quds Force Commander, Jan. 3, 2020, https://www.defense.gov/Explore/News/Article/Article/2050341/senior-dod-official-describes-rationale-for-attack-on-quds-force-commander/, visited on 2020-01-24.

[2] The White House, Remarks by President Trump on the Killing of Qasem Soleimani, Jan. 3, 2020, https://www.whitehouse.gov/briefings-statements/remarks-president-trump-killing-qasem-soleimani/, visited on 2020-01-24.

伊朗得到的信息就是无论自身让步与否，美伊间的战争风险都不会减少，这样伊朗温和派将失去主张的合理性，伊朗强硬派将得到更多支持。美国不光将面对一个更加强硬敌对的伊朗，还将发现再试图与伊朗接触或谈判会变得困难无比，这些都不符合美国的中东战略利益。对伊朗报复的低调回应不是软弱表现，而是向伊朗发出危机已经过去的信号，同时传达出一种暗示，即未来伊朗在下一次遇到美国故技重演时，退让依然是明智选择。

	伊朗	
	克制	强硬
美国 克制	避免战争 一定国际和地区支持 内部分歧 少量批评 达成多种战略目标	好战的无赖国家标签 国际孤立 经济制裁 自身行为合法化 达成多种战略目标
美国 强硬	一定的战争风险 道义优势带来更多支持 弥合内部分歧 更大的国际压力 盟友与美保持距离	爆发战争 政权危机 爆发战争 受到牵制 影响大选

图 1　美国与伊朗风险博弈收益图

资料来源：笔者自制。

美国通过上述手段总体上成功地运用了战争边缘策略，压缩了伊朗的政策选择空间。下面对双方的具体博弈进行定性分析并将博弈中美伊双方的收益进行简单的赋值。以（x，y）的形式表示美伊双方的收益，其中 x 代表美国的收益，y 代表伊朗的收益。如图 1 所示，伊朗在面对苏莱曼尼遇害引发的美伊对抗风险时，保持克制是其优势策略。当美伊双方均保持克制，不采取进一步加剧局势紧张的行动时，伊朗虽然内部会产生一定分歧，但得以避免与美国发生战争的同时可以获得一些国际和地区的支持，收益为 2；美国则以受到一些谴责和批评为代价达成了遏制伊朗海外军事力量输出、避免美国目标遇袭、提升美国在地区盟友中的地位等诸多战略目标，收益赋值为 5。此时双方的收益为（5，2）。当美国保持克制而伊朗采取激化矛盾的强硬措施时，美国凭借其话语权等优势可以轻易地将伊朗抹黑为试图挑起战争的无赖国家并将其自身行为合法化，美国的收益依然赋值为5；而伊朗则很可能成为众矢之的，失去外界援助并遭受经济制裁，收益赋值为0。此时双方的收益为（5，0）。当伊朗保持克制而美国继续强硬施压时，美国将承受更大的国际压力，地区盟友为了避免卷入战争会与美国保持距离，[①] 收益赋值为3；而伊朗可以利用道义上的优势争取更多的国际支持并弥合内部分歧，收益赋值为3。此时双方的收益为（3，3）。至于美伊双方都保持强硬态度针锋相对，则尽管双方都不情愿但战争依然很可能爆发，这对双方而言都是不利的，伊朗所受冲击程度将远大于美国。此时双方的收益为（-5，-10）。图1所示收益可被简化为表1：

表1　美国与伊朗风险博弈收益表

	伊朗克制	伊朗强硬
美国克制	(5，2)	(5，0)
美国强硬	(3，3)	(-5，-10)

显然，该博弈中存在美国和伊朗均保持克制的纯策略纳什均衡。无论美国采取克制还是强硬态度，伊朗采取克制态度得到的收益均好于采取强硬态度，即保持克制是伊朗的优势策略。这就是实施战争边缘策略所期望达到的效果，通过改变对手的预期收益，美国可以预判伊朗的行为，牢牢掌握主动权。伊朗则几乎白白折损一员大将，无法作出与之相称的报复行动。

必须指出的是，上述收益均是可以预期的收益，并未将伊朗击落客机等"黑天鹅事件"考虑在内。这是由于"黑天鹅事件"几乎无法预测，难以将其纳入其中。但相应地，引发"黑天鹅事件"的因素，如伊朗击落客机事件中暴露出的伊朗政府军队间不和，已经被纳入上述收益计算，"黑天鹅事件"的发生与否一般不会大幅改变收益结果。同时，上述收益均是较为短期的收益，并未将一些长远的影响计算在内，如对国际法的破坏或是对美国软实力的影响。这么做的原因一方面是由于长期利益在危机决策中作用有限，另一方面也符合如今特朗普领导下的美国忽视长期利益的特点。

受限于篇幅，本文不讨论苏莱曼尼之死对于地区安全局势及对伊朗、伊拉克等当事国的具体影响。本文想强调的是，这次美国对战争边缘策略的成功运用可能导

[①] 事实上，苏莱曼尼事件发生伊始，美国在中东地区的盟友就已经担忧会遭受牵连。参见王炯：《美中东盟友担忧"殃及池鱼"》，载《光明日报》2020年1月5日第8版。

致美国在未来如法炮制,而伊朗如果不能找到有效的反制方法,则难以扭转自身在博弈中的被动地位,这对于伊朗而言无疑是灾难性的。

四、实证分析:伊朗应对美国战争边缘策略的反制措施

美国依靠战争边缘策略让伊朗不得不吞下失去苏莱曼尼及地区影响力锐减的苦果,更严重的是,美国完全可以在未来合适时机故伎重施,逼迫伊朗作出更多更难以接受的让步。这对于一个有着大国情结自尊自强的独立国家是断然不可接受的,谋求反制是必然结果。伊朗提出将用13种手段打击美国,包括攻击美国本土,但实际上一直控制对美报复的范围,防止节外生枝。

首先,伊朗宣布中止履行伊核协议的第五阶段(即最后阶段),突破伊核协议中一项关键限制——"对离心机数量的限制"。同时,伊朗表示其无意发展核武器,其核项目仍将保持透明,继续与国际原子能机构保持合作。

其次,伊朗议会"针尖对麦芒",通过一项对等决议,将美军、美国国防部列为"恐怖组织",同时将美国国防部所有人员、下属机构以及策划、实施杀害苏莱曼尼的美军指挥官列入黑名单。

再次,伊朗支持中东反美主义。美国对苏莱曼尼实施"定点清除"后,伊拉克议会通过一项决议,要求外国军事力量撤离伊拉克(但未限定时间)。特朗普则以经济制裁相威胁,拒绝从伊拉克撤走五千多名驻军。美国和伊拉克关系的恶化,符合伊朗报复美国的战略目标。2020年1月,美国驻巴格达使馆和驻伊拉克多处军事基地多次遭不明火箭弹袭击,设施受损,美国多次拉响防空警报。

最后,伊朗直接对美国实施军事打击。1月8日,伊朗伊斯兰革命卫队对美国在伊拉克的阿萨德空军基地和埃尔比勒基地发射了十余枚导弹。伊拉克政府表示,伊朗在袭击前,已经通报了伊拉克政府;伊朗外长扎里夫表示,伊朗对美国的军事报复行动告一段落,暗示冲突不会升级。

1. 伊朗难以通过常规手段进行反制

从以上可以看出,要想在与采取战争边缘策略的对手的博弈中占据主动,一个有效的办法是让风险大小完全失控。这意味着战争边缘策略的实施者无法将风险控制到恰当程度,使威胁大到足以奏效但又小到足以令人信服。假设美国以同样伎俩在中东暗杀了俄罗斯的一名高级将领后试图采用战争边缘策略逼迫俄罗斯不进行对等报复,美国人会发现何种风险规模都无法向俄罗斯发出奏效又可信的威胁。常规军事打击具备可信性,但俄罗斯并不惧怕与美国在中东地区发生小规模军事冲突;

经济制裁具备可信性,但这对长期遭受制裁的俄罗斯而言起不到太大约束作用,况且俄罗斯已与中国等其他经济体加深合作;核报复可以奏效,可是为这种事端动用核计划去威胁与美国并驾齐驱的核大国俄罗斯显然不具备可信性。风险要么过小使得其对俄罗斯起不到约束作用,要么过大以至于美国自身都无法承受从而失去可信性,结果是美国无法阻吓俄罗斯采取对等报复行为,主动权掌握在俄罗斯手中。另一个有效的办法是自身也采取战争边缘策略。这意味着没有哪一方处于完全被动的状态,双方都不得不作出某种让步。假设美国在伊朗拥有大量产业和人员,伊朗可以暗示如果美国采取激进的冒险行动,这些美国资产及人员的安全很可能无法得到保障,即使是在伊朗政府试图保护他们的情况之下。这种风险存在且超出了伊朗政府的控制范围,并且是美国政府难以接受的。结果是双方为了避免双输的局面,都难以对对方提出过多要求,必须更加公平地进行交换和妥协。

遗憾的是,上述两种方法对于当今的伊朗而言都是行不通的。第一个方法行不通是因为战争对于伊朗的损害远远大于对美国的损害,意味着美国能够控制风险的大小,使之大到足以震慑伊朗且又小到自身能够接受。长期遭受制裁使伊朗经济高度依赖能源出口,面对战争带来的破坏是极为脆弱的。伊朗击落客机事件也暴露出伊朗国内伊斯兰革命卫队与政府间的矛盾,[①] 强硬派与温和派势必就苏莱曼尼死后遗留下来的权力真空开展政治斗争。这种局面下伊朗无法承受战争爆发对民生和政局的冲击,甚至政权存亡都将成为问题。相应地,战争即使爆发,美国也可以利用无人机或特种部队渗透等手段精准地打击伊朗的重要设施或人物,以低烈度手段减轻战争对美国的影响。战争爆发会使美国战略重心转向东亚受到牵制,但也不会有根本改变。战争对美国大选的影响也很难给出定论,伊朗没有理由认为开战一定不利于特朗普政府。第二个方法行不通是因为伊朗没有制造出对美国而言既奏效又有可信风险的能力。美国在伊朗几乎没有什么人员和资产,双方也没有外交关系和贸易来往,伊朗缺乏直接威胁美国人员或资产安全的能力。即便伊朗跨境打击美国军事目标,或是让黎巴嫩真主党或胡塞武装等亲伊武装力量发起针对美军或以色列、沙特等亲美国家的零星袭击,也不足以构成美国需要严肃对待的严重威胁。至于长期被外界视为王牌的封锁霍尔木兹海峡,则由于此举将引起海湾国家及高度依赖海湾地区石油供给的诸多国家的公愤而缺乏可信度。美伊悬殊的力量对比决定了伊朗难以通过常规手段与美国周旋。

---

① 王国兵、王铁铮:《伊斯兰革命卫队与伊朗政治发展》,载《西亚非洲》2019 年第 6 期。

2. 核计划与美伊博弈

严重外部安全威胁是国家谋求核武器的头号动因,这一点已经被大量定性及定量研究所证实。① 核武器并不能阻止拥核国家间的小规模局部冲突,但确实能够大幅降低拥核国家间爆发大规模全面战争的可能性。② 少量的核武器结合投送手段以及明智的核战略,依然能够形成令人信服的核威慑,对国家安全起到难以替代的巨大作用,同时还是谈判桌上的有效筹码。③ 就伊朗而言,伊朗的弹道导弹技术不容小觑,同时伊朗可以采取模糊的核计划,即让外界无法判明伊朗究竟寻求军用还是民用核计划,来形成有效核威慑。在本文讨论的美国主动挑起危机引发的美伊风险博弈中,重启核计划可以大幅改变美伊双方的收益情况。

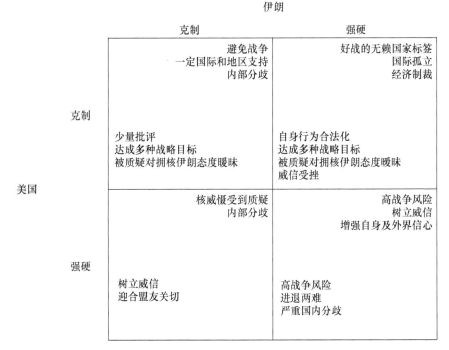

图 2 美国与伊朗(拥核)风险博弈收益图

资料来源:笔者自制。

---

① Scott D. Sagan, Why Do States Build Nuclear Weapons? Three Models in Search of a Bomb, *International Security*, Vol. 21, No. 3, 1996–1997, pp. 54–86; Sonali Singh and Christopher R. Way, The Correlates of Nuclear Proliferation: A Quantitative Test, *The Journal of Conflict Resolution*, Vol. 48, No. 6, 2004, pp. 859–885; Mark S. Bell, Examining Explanations for Nuclear Proliferation, *International Studies Quarterly*, Vol. 60, No. 3, 2016, pp. 520–529.

② Mark S. Bell and Nicholas L. Miller, Questioning the Effect of Nuclear Weapons on Conflict, *The Journal of Conflict Resolution*, Vol. 59, No. 1, 2015, pp. 74–92; Robert Rauchhaus, Evaluating the Nuclear Peace Hypothesis: A Quantitative Approach, *The Journal of Conflict Resolution*, Vol. 53, No. 2, 2009, pp. 258–277.

③ Erik Gartzke and Dong-Joon Jo, Bargaining, Nuclear Proliferation, and Interstate Disputes, *The Journal of Conflict Resolution*, Vol. 53, No. 2, 2009, pp. 209–233.

我们依然按照本文第三部分中的方法对美伊双方在伊朗拥核条件下的博弈进行定性分析并对双方收益进行简单的赋值，同样以（x, y）的形式来表示。如图2所示，在伊朗拥核的情况下，美国挑起类似于苏莱曼尼暗杀事件的危机无法通过边缘政策阻吓伊朗实施报复，因为此时伊朗保持克制不再是优势策略。当美伊双方均保持克制的情况下，美伊双方收益与伊朗不拥核时情况类似（见图1），但美国可能被质疑对拥核国家态度暧昧，而伊朗内部分歧有可能更加严重，此时双方的收益为（4, 1）；在美国保持克制的情况下，核计划并不能让伊朗的强硬回应得到更好结果，无法阻止自身被美国污蔑及孤立，美国也会由于没有对伊朗保持强硬受到地区盟友批评，威信受挫，此时双方的收益为（3, 0）。收益情况在美国采取强硬立场时发生大幅改变。当伊朗保持克制而美国态度强硬时，伊朗将被国内外质疑是否具备使用核武器的意志和能力，自身核威慑的可信性会大打折扣，[①] 伊朗收益赋值为 −2。美国则由于对拥核伊朗态度保持强硬，能够取得地区内对伊朗拥核持坚决反对立场的以色列、沙特等国的支持，美国收益赋值为 5。此时双方的收益为（5, −2）。最主要的区别在于，当双方均采取强硬态度时，战争并不会轻易爆发。即便是少量的核武器，在拥有者面临生死存亡的紧要关头时依然能够赋予其与入侵者同归于尽的能力。伊朗核计划显然无法威胁美国本土，但伊朗的弹道导弹足以对中东地区众多的美国军事目标及美国地区盟友实施核打击，拥核伊朗可能选择在政权覆灭之际与美国及其盟友鱼死网破，这是美国动武前不得不考虑的。双方针锋相对但没有哪一方敢于轻率地跨过战争门槛，美国将面临进退两难的尴尬境地，进要冒自身或盟友遭受严重损失的风险，退则引发地区盟友不满及外界对美国实力和威信的广泛质疑，必然引发严重的内部分歧，美国收益赋值为 −2。而伊朗与美国陷入这种状态本身对伊朗而言就是一个巨大胜利，伊朗国内凝聚力将空前增强，伊朗在地区乃至在伊斯兰世界中的威望都将大幅提升。对美国不满的其他行为体将视伊朗为牵制及反击美国霸权的可靠重要力量，伊朗可以得到这些势力或明或暗的支持，国际上的孤立地位将得到改善，伊朗收益赋值为 4。此时双方的收益为（−2, 4）。图2所示收益可简化为表2：

[①]〔美〕詹姆斯·多尔蒂、小罗伯特·普法尔茨格拉夫：《争论中的国际关系理论（第五版）》，阎学通、陈寒溪等译，世界知识出版社2013年版，第375页。

表 2　美国与伊朗（拥核）风险博弈收益表

	伊朗克制	伊朗强硬
美国克制	（4，1）	（3，0）
美国强硬	（5，-2）	（-2，4）

伊朗拥核后博弈出现了明显变化，纯策略纳什均衡不再存在。可见，在伊朗拥有核能力的情况下，伊朗保持克制在遇到美国咄咄逼人的强势态度时，收益不如保持强硬。克制不再是优势政策，双方博弈趋于复杂使美国无法预判伊朗的反应，战争边缘策略不再奏效。

3. 拥核弃核取决于外部反应

通过上述分析可以看出，拥核对于伊朗维护国家安全、提升地区影响力、摆脱孤立获取支持等能够发挥相当关键的作用，也让美国不再能够通过战争边缘策略肆意施压伊朗谋取利益，可以说伊朗在苏莱曼尼事件之后拥核动机大幅增加。但必须强调的是，上述分析也指出了伊朗拥核带来的身份变化，使得国际和地区国家对伊朗的态度也发生了转变，这些转变并不都对伊朗有利，同时上述分析没有考虑伊朗拥核过程中可能遭遇的问题。因此，伊朗拥核动机大幅增加不代表伊朗会孤注一掷地发展核武器，伊朗拥核导致的国际和地区环境改变以及伊朗拥核过程中面临的诸多现实障碍不容忽视。事实上，伊朗在核问题上十分慎重，在美国宣布退出伊核协议一年后的 2019 年 5 月起才开始分阶段中止履行伊核协议条款，并始终强调伊朗没有退出伊核协议。伊朗的铀浓缩丰度虽然从 2019 年 7 月 8 日就突破了协议规定的 3.67%，但一直没有超过 5%，远低于协议签署前的 20%（通常认为 20% 丰度至武器级 90% 丰度间没有明显技术障碍）。伊朗目前依然与国际原子能机构（IAEA）保持合作，配合其核查人员的行动。可以说，无论从外交上还是从实际行动上看，伊朗都在殷切盼望国际社会能够挽救岌岌可危的伊核协议。

但这种合作态度不是无条件的，而是需要国际社会对伊朗释放的积极信号予以回应才能维持下去。苏莱曼尼事件后，伊朗在 2020 年 1 月 5 日宣布进入中止履行伊核协议的第五阶段，离心机数量不再受伊核协议限制。这种反击措施引发了英国、法国、德国在 1 月 14 日宣布启动伊核协议争端解决机制，向伊朗施压试图迫使其回归伊核协议，全然不顾美国才是伊核协议陷入危机以及制造地区紧张的罪魁祸首这一客观事实，令伊朗和国际社会大失所望。[①] 伊朗外长扎里夫在 1 月 20 日表

---

① 《2020 年 1 月 15 日外交部发言人耿爽主持例行记者会》，https://www.fmprc.gov.cn/web/wjdt_674879/fyrbt_674889/t1732552.shtml，2020 年 2 月 5 日访问。

示,如果欧洲国家将伊核问题提交联合国安理会讨论,伊朗将退出核不扩散条约。[①] 这一强硬回应显示出,伊朗对于拥核的慎重态度正在被西方的虚伪和自私亲手摧毁。伊朗考虑到自身经济发展水平、地区局势、可能的外部军事干预等因素,始终没有坚定研发核武器的决心。然而,如果来自美国的霸凌变本加厉,国际社会对于伊朗的善意配合视而不见并盲目地与美国亦步亦趋,伊朗将面临越发恶劣的生存环境,其对研发核武器的克制将失去合理性。

国际社会必须认识到,伊朗核问题的政治解决离不开公正地兼顾美伊双方利益的斡旋和调解。伊朗拥核之路固然艰难,必须面对国际孤立、制裁和禁运,以及以色列或美国可能发动的预防性打击等严峻挑战,伊朗对美国幻想基本破灭,对联合国、欧洲大国、俄罗斯等未能阻止美国奉行单边主义、退出伊朗核协议感到失望。如果美国、以色列和海湾阿拉伯国家进一步对伊朗以武力相威胁,伊朗将不得不重新评估其核政策,以维护核威慑与核平衡。伊朗拥核这一过程也必定伴随着海湾地区的剧烈动荡以及中东地缘政治格局的重组,带来的不确定性将让本就脆弱的世界经济雪上加霜,不符合全世界人民的共同利益。国际社会不应指望伊朗在拥核道路上自动知难而退,而应当结合拥核面临的艰巨困难与弃核带来的国际支持,引导伊朗采取合作和对话。幸运的是,中国及时进行斡旋,促使欧盟于2020年1月22日在布鲁塞尔举行伊朗核问题全面协议联合委员会非正式会议,并在会上由外交部军控司司长傅聪提出折中方案,暂缓了争端解决机制进程。[②] 中国的公正中立、不偏不倚让伊朗维持了对国际社会的信心,延缓了伊核协议的全面崩溃,但仅仅依靠中方的力量显然不够。要促成伊核问题的政治解决,国际社会必须发挥中国般的建设性作用,采取事不关己或是拉偏架的狭隘态度只会适得其反。

2020年1月,美国与伊朗迎面相撞,双方既试探了对方的"底线",又重新明确了对方的"红线"。美伊在一波相互讹诈的心理战后又重新回归理性,从"明争"转向"暗斗"。美伊"零和博弈"对中东地区形势将产生深远影响。

首先,美国将执行"总体收缩、重点推进"的政策。特朗普上台后奉行战略收缩政策,避免在中东卷入地面战争,预防陷入新的泥潭。即便在俄罗斯不断挤压美国、掌控叙利亚局势的情况下,美国仍寻求战略收缩政策。此次美伊关系恶化,打

[①] Tasnim News Agency, Iran May Leave NPT If Nuclear Case Sent to UNSC, Zarif Warns, Jan. 20, 2020, https://www.tasnimnews.com/en/news/2020/01/20/2186076/iran-may-leave-npt-if-nuclear-case-sent-to-unsc-zarif-warns, visited on 2020-01-26.

[②] 杨铁虎:《伊核危机暂得缓解 中国关键作用获得赞誉》, https://mil.huanqiu.com/article/3wl7TqCZNnZ, 2020年2月5日访问。

乱了特朗普政府的全球军事布局，迫使其在中东"总体收缩、重点推进"。尽管美国对叙利亚、利比亚、也门的军事干预热情不足，但是在海湾地区，美国将继续扩大军事存在，维持在伊拉克、科威特、巴林、卡塔尔、阿联酋、阿曼等5万多人的军事部署，这些军事力量和美军在土耳其、阿富汗的军事基地以及与波斯湾海上美军连为一体，构成对伊朗的军事包围圈。

其次，俄罗斯在东地中海地区将借机巩固既得利益。如果说美国试图将海湾打造成它的"后院"，俄罗斯则利用美伊矛盾，将地中海东部地区打造成自己的"后院"。美伊军事冲突之际，俄罗斯总统普京高调访问叙利亚，巩固与巴沙尔政府的"血盟"关系，商讨叙利亚伊德利卜省的军事形势。同时，普京还访问土耳其，与埃尔多安政府就中东形势展开磋商与协调；俄罗斯还邀请德国总理默克尔、以色列总理内塔尼亚胡访俄，加强俄德、俄以合作。在土耳其从叙利亚抽身介入利比亚局势的情况下，俄罗斯很可能要帮助叙利亚政府解放伊德利卜省，实现叙利亚全国基本统一。

再次，中东地区各种力量将分化组合。特朗普特立独行、政策缺乏连贯性，导致无论是美国盟友还是美国敌人都有强烈的不安全感。美国的中东盟友——沙特、阿联酋和叙利亚民主军（以库尔德武装为主）在遭威胁时，均未得到特朗普政府的有效帮助；伊朗、黎巴嫩真主党、叙利亚巴沙尔政府、巴勒斯坦哈马斯和吉哈德、也门胡塞武装更受到美国及其盟友的打压。伊朗领导下的"抵抗联盟"，沙特领导下的"瓦哈比—萨拉菲联盟"，土耳其领导下的"亲穆兄会联盟"，以色列推动的"温和联盟"，美国积极拼凑的"中东战略联盟"，俄罗斯发起的俄罗斯—伊朗—土耳其"三角联盟"等，集团林立，中东局势更趋复杂化。在各国陷入集体焦虑的背景下，中东国家将建立动态联盟关系。

最后，美伊围绕核问题的斗争将进一步升级。2015年7月，联合国安理会五个常任理事国、德国和伊朗签订伊核协议；2018年特朗普政府单方面宣布退出核协议。苏莱曼尼遭美军"定点清除"后，伊朗再次突破核协议关键条款。2020年8月，特朗普政府向联合国安理会提交了一份提案，要求延长对伊朗武器禁运。在15个安理会成员国中，只有美国和多米尼加投赞成票，中国和俄罗斯反对，包括英国、法国、德国等美国盟友在内的其他11个国家均投弃权票，这被伊朗视为外交胜利和美国单边主义的失败。

五、结论

美国对苏莱曼尼的暗杀行动是对国际法的公开蔑视，是对国际关系基本准则的粗暴践踏，理应受到全世界爱好和平的国家和人民的一致谴责。但如果把这一行为进行过于简单的解读，认为其对美国毫无益处或是认为其是特朗普的又一莽撞举动，则不利于理解该行为背后的逻辑和考量，进而无法科学且全面地进行应对。

就苏莱曼尼事件而言，特朗普运用战争边缘策略成功阻吓伊朗采取大规模报复行动，使美国得以非常小的代价铲除了伊朗对外军事输出的核心人物苏莱曼尼，重挫了伊朗的地区威望和影响力，也让伊朗伊斯兰革命卫队在伊拉克苦心经营的一切岌岌可危。美国通过这次行动对外界释放出强烈信号，即美国依然是中东地区的"头号玩家"，即便重心东移，美国依然具备改变地区力量格局的意愿和能力，增强了其主导下"中东战略联盟"的吸引力和号召力。就短期利益而言，美国这次对战争边缘策略的运用无疑是成功的。由此可见，战争边缘策略对于美国而言是一种以低成本发挥自身政治、经济或军事优势压制对手进行让步的有效手段。事实上，我们在朝核问题、美韩驻军经费问题、北美自贸协定谈判以及中美贸易战当中都能够看到战争边缘策略运用的影子，值得世界各国保持警惕。这次的成功对于美国而言很可能只是彻底压服伊朗的一个开始，未来美国完全可以如法炮制，最终迫使当前缺乏反制能力的伊朗完全屈服并彻底放弃拥核能力。但战争边缘策略的问题在于，这种本质上类似于讹诈的手段将激起对方的反感和敌意，也是对实施者软实力的透支。美国实施战争边缘策略可以达到一些短期目标，但长期来看对美国而言并不有利，因为任何有尊严的独立国家都不会甘于反复受到强权的霸凌，必然谋求反制手段。

对于伊朗而言，重新拥核可能是最有效的反制工具，苏莱曼尼事件大幅增加了伊朗的拥核意愿，伊核问题前景不容乐观。美伊矛盾尖锐意味着国际社会的作用不能缺位，如果国际社会秉承务实态度对伊朗的合理诉求给予回应并积极引导伊朗弃核，伊核问题并非没有转机。但如果国际社会尤其是英法德等西方国家拘泥于意识形态偏见或是美国压力而罔顾事实和正义，盲目地对伊朗施加过多压力，伊朗在被逼入绝境的条件下孤注一掷求助于拥核成为重要选项。

展望未来，美伊暗战仍将继续。2020年1月28日，特朗普政府公布"中东和平新计划"，主张巴勒斯坦实现"非军事化"，哈马斯和吉哈德须解除武装，未来的巴勒斯坦应与以色列、约旦、埃及等合作，不要配合伊朗，形成叙利亚、黎巴嫩真主党、巴勒斯坦的"反以包围圈";伊朗则高调支持巴勒斯坦事业,反对美国和以色列恃强凌弱,斥责"中东和平新计划"是痴心妄想,声称这是有着明显歧视的隔离政策。即便在2020年3月美国和伊朗新冠肺炎疫情都十分严重的情况下,美国依然将两艘航母派到了波斯湾地区,威慑伊朗,伊朗外长扎里夫则发出了严重警告。

总之,美伊经过一番较量后重归理性,从明争回到暗斗,但两国之间的结构性矛盾尚存,美伊之间不同的地区秩序观依旧,中东原本地方化、内生性的问题,因美伊结构性矛盾而变得多边化和国际化。美国主导的"中东战略联盟"与伊朗领导下的"抵抗联盟"之间的斗争,将继续牵动中东地缘政治的神经。美国的战争边缘策略与伊朗的反讹诈、反遏制斗争仍将继续。

特朗普时期美国国家安全战略的不确定性探析*

刘胜湘　高　瀚　张　鹏**

摘　要：2017年1月特朗普执政以来，其政府国家安全战略已总体确定。在特朗普执政期间，美国和世界承受着特朗普主义冲击波。由于美国在世界上的特殊地位和影响，特朗普的一举一动都牵动着世界的神经。特朗普的政治经验和能力的欠缺、内阁成员的频繁更迭、战略安全思维的博弈性以及美国民主党对特朗普施加的违法行为调查压力等，导致特朗普政府国家安全战略表现出很大的不确定性。这将损害美国的声誉和削弱其软实力，影响其国家安全战略的执行力，并破坏现有国际规则和国际关系的稳定。今后美国国家安全战略的推进还将受到国内外两大因素的影响和制约，不确定性还将持续存在。特朗普执政期间美国成为世界动荡之源，已从国际秩序和国际规则的建设者和维护者变成国际秩序的破坏者，特朗普或许会成为美国和西方主导的世界秩序的终结者。

关键词：特朗普政府；国家安全战略；不确定性；原因和影响

特朗普执政后先后出台了《美国国家安全战略》《美国国防战略》《国情咨文》《核态势评估》《国家反恐战略》和《国家情报战略》，其国家安全战略已总体确定。国内学界对特朗普政府推进国家安全战略的能力褒贬不一。有人持肯定评价，认为其核心决策圈基本上维持着相对均衡，短期政策会有反复，长期政策方向将具

---

* 本文系国家社科基金重点项目"美国国家安全危机预警体制机制及启示研究"（项目编号：17AGJ004）的阶段性成果。

** 刘胜湘，上海外国语大学中东研究所教授、博士生导师，主要研究领域：安全理论、国家安全与战略。高瀚，上海外国语大学国际关系事务学院、上海外国语大学中东研究所2018级外交学专业博士研究生，主要研究领域：国家安全与战略。张鹏，上海外国语大学中东研究所博士后，主要研究领域：国家安全与战略。

有一定的稳定性。① 特朗普"虽然看起来有些不靠谱，但仔细想想，又都是在美国政治的大框架、主要方向上推进的"，他的一些惊人做法是其"精心筹划的结果"。② 有人则持否定性评价，认为"特朗普主导的美国外交对世界的影响在绝大多数领域和问题上是消极的、负面的、有害的、危险的"③。折中论处于两者之间，认为正负相抵，特朗普执政"并非全然负面"，但的确存在"不佳表现"。④ 在国外，学界总体相对冷静，但也不乏著名学者的媒体式抨击文章，如约瑟夫·奈（Joseph S. Nye）认为，特朗普不断说谎损害了美国的信任机制；⑤ 萨克斯（Jeffrey D. Sachs）认为，全球和平的最大威胁是特朗普政府。⑥ 而美国主流媒体基本持负面评价，甚至出现了特朗普与美国主流媒体长期存在"敌对"状态。《纽约时报》指出特朗普"谎话连篇"，其有关"伊斯兰国""也门战争""伊朗核协议"和"贸易赤字"的描述全错了。⑦ 美联社则批评其制造了国际社会的"分裂形势"以及多边主义与单边主义的对立。⑧ 总的来看，特朗普政府的执政经验与能力明显不足，其本人不是能熟练处理国家安全事务的政治家，还处在学习和适应阶段。本文将分析特朗普执政以来其政府国家安全战略的不确定性及其产生的原因和影响，并对其前景进行展望。

一、特朗普政府国家安全战略不确定性的表现

国家安全战略的不确定性是指国家安全战略的重点和变化趋势难以把握和预测，在外交政策方面表现为非理性、突发性和随意性。特朗普上台之初曾明确表示过有意建立一个让人无从预测的政府决策机制，其国家安全战略也因此表现出很大的不确定性，主要表现在其国家安全战略的重点不够明确、国家安全战略决策充满非理性和突然性因素，发动战略威胁的随意性很强等方面。

---

① 刁大明：《特朗普政府对外决策的确定性与不确定性》，载《外交评论》2017年第2期。
② 陈晟：《特朗普总统，离谱不离谱?》，载《新民周刊》2018年第4期。
③ 楚树龙、周兰君：《特朗普政府外交特性及其影响》，载《现代国际关系》2018年第8期。
④ 刁大明：《美国特朗普政府首年执政评估》，载《美国研究》2018年第1期。
⑤ Joseph S. Nye, White House of Lies, Project Syndicate, Aug. 7, 2018, https://www.project-syndicate.org/commentary/trump-record-number-of-lies-by-joseph-s--nye-2018-08? barrier = accesspaylog, visited on 2018-12-31.
⑥ Jeffrey D. Sachs, The War on Huawei, Dec. 14, 2018, https://www.chinausfocus.com/finance-economy/the-war-on-huawei, visited on 2018-12-31.
⑦ Linda Qiu, Fact-Checking Trump's Speech to the United Nations, *The New York Times*, Sept. 25, 2018.
⑧ Matthew Pennington, At UN This Year, It's Trump Versus the World, *Associated Press*, Sept. 26, 2018.

（一）国家安全战略的重点不够明确

2017年《美国国家安全战略》提出的"四大支柱"明确了美国四个至关重要的国家战略安全利益，即保护美国国土、人民及其生活方式；促进美国的繁荣；重建军队使其保持优势，通过实力维护和平；提升美国的影响力。该报告提出所谓三个层次"战略安全威胁"，即"中国和俄罗斯挑战美国的力量、影响和利益，试图削弱美国的安全和繁荣"；"朝鲜和伊朗独裁政权决心破坏地区稳定，威胁美国及其盟友"；"跨国威胁的群体，从圣战恐怖分子的跨国犯罪组织，正在积极试图伤害美国人"。① 然而，从报告所确定的战略优先行动来看，特朗普政府国家安全战略的重点并不明确，暗含很大的不确定性。报告提出的"四大支柱"和地区战略五大项中共有117项战略优先行动，其中"支柱一"30项，"支柱二"23项，"支柱三"31项，"支柱四"15项，地区战略18项。② 战略优先行动太多等于没有优先行动。

从推进国家安全战略的具体措施来看，特朗普政府也没有理清美国国家安全战略的重点、本质和优先行动顺序。特朗普执政以来采取了一系列重大举动，包括签署"禁穆令"、轰炸叙利亚、不断发动贸易威胁、推进"修墙"、退出一系列国际条约和组织、威慑朝鲜和伊朗、搬迁驻以色列使馆、撤军叙利亚等，似乎是"事不惊人不罢休"。但当前美国政府并没有真正的优先行动方案，其行动可以说是"乱枪扫射""四面树敌"，而且其战略优先行动在不断变化中。

（二）国家安全战略决策充满非理性和突发性因素

特朗普上台后作出的一系列国家安全战略决策并不是深思熟虑的结果，不是完全依据美国国家利益决定的，这也是其国家安全战略决策引起很大争议的主要原因。特朗普上台后不断制造矛盾和事端，连续引起国内外的"轰动效应"，作出了一系列具有突然性的非理性决策。如上台初期就急于对外宣布激进式的"禁穆令"，很明显这个禁令并不是政客们认真思考的结果，而是以特朗普为代表的右翼民粹主义仇视穆斯林群体的一种愤怒情绪的发泄，"禁穆令"引起美国内外很大的反对声

---

① The White House, National Security Strategy of the United States of America, December 2017, pp. 2-4, https://www.whitehouse.gov/wp-content/uploads/2017/12/NSS-Final-12-18-2017-0905-2.pdf, visited on 2018-06-25.

② Ibid., pp. 7-53.

音也理所当然。① 特朗普还制造了一系列非理性和突然性的对外贸易威胁。例如，2017 年，特朗普政府不断威胁加拿大和墨西哥，要废除已经执行 20 余年的《北美自由贸易协定》(NAFTA)。② 在贸易威胁没有奏效后又威胁对进口钢铁和铝产品征收高额关税。这一鲁莽决定在美国内外受到广泛反对。③ 不仅如此，美国还对中国进行不断加码的关税威胁，并多次警告德国和日本。关税威胁决策虽然受到了像美国贸易代表莱特希泽 (Robert Lighthizer)、美国白宫国家贸易委员会主任纳瓦罗 (Peter Navarro) 等保护主义者的支持和推动，但来自美国国会、精英、商界的批评声不断，认为这会造成对国际贸易规则的无视，引发世界经济的动荡，也会损害美国经济。

2017 年 12 月 6 日，特朗普突然宣布美国承认耶路撒冷为以色列首都，美国将启动驻以色列大使馆从特拉维夫搬至耶路撒冷的进程。这一举措使以色列和巴勒斯坦抗议者的流血冲突至今没有停息。2018 年 4 月 6 日，美国司法部部长塞申斯 (Jeff Session) 宣布了一项对非法入境美国行为的"零容忍"政策，导致众多家庭骨肉分离，后在国内外的反对声中被迫停止。5 月 8 日，特朗普又对外宣布美国退出伊朗核协议，引起协议其他各方的坚决反对。实际上，特朗普作出搬迁美国驻以色列大使馆和退出伊朗核协议的决定，受到了其信仰犹太教的女婿库什纳 (Jared Kushner) 和美国国内犹太利益集团的影响，这种激化矛盾的做法很难说对美国的利益有积极作用。10 月 20 日，特朗普声称美国将退出《中导条约》。2019 年 2 月 1 日，美国正式宣布启动退出《中导条约》程序。2018 年 12 月 19 日，特朗普突然在推特上又宣布美国将从叙利亚撤军的决定，并在突访伊拉克空军基地时再次重申撤军决定。④ 2018 年，特朗普还多次提议并讨论退出北约的可能性，吓得美国众议院于 2019 年 1 月 18 日快速通过美国支持北约的法案。⑤

这些非常规动作引起美国国内外的普遍质疑。由于特朗普是非建制派代表人

---

① 《抗议声四起 特朗普难民与移民新政引发强烈反弹》，http://www.xinhuanet.com//world/2017-02/01/c_129463800.htm，2018 年 11 月 11 日访问。

② 《特朗普再次威胁退出北美自由贸易协议》，http://world.huanqiu.com/exclusive/2017-10/11333971.html，2018 年 11 月 11 日访问。

③ 《特朗普宣布对钢铁及铝征高关税 欧盟警告将"反制"》，http://www.chinanews.com/gj/2018/03-03/8458668.shtml，2018 年 11 月 11 日访问。

④ Remarks by President Trump in Briefing at Al Asad Air Base, https://www.whitehouse.gov/briefings-statements/remarks-president-trump-briefing-al-asad-air-base-al-anbar-province-iraq/, visited on 2019-01-05.

⑤ To Reiterate the Support of the Congress of the United States for the North Atlantic Treaty Organization, and for Other Purposes, https://docs.house.gov/billsthisweek/20190121/BILLS-116hr676-SUS.pdf, visited on 2019-01-31.

物，缺乏一个领导人应具备的安全决策知识和决策技能。加之个性使然，他只喜欢使用迎合其"胃口"的那些人物，不论其是否有政治经验和决策能力。这也造成白宫决策核心小圈子安全决策知识和决策技能的匮乏，其政府战略决策的非理性也在所难免。

（三）发动战略威胁有很强的随意性

"为实现'美国优先'目标，特朗普政府在与相关国家谈判时通过'不可预测'提高要价，使用'引而不发'、'双边压制'等策略迫使对方就范。"[①] 他上台之后在经济上和军事上不断进行威胁，并随意增加威胁强度。在提升产业和加强贸易措施方面，特朗普政府随意性地发起一系列对外贸易威胁。特朗普上台后的第一个行政命令即是退出《跨太平洋伙伴关系协定》（TPP），并寻求与盟友间重订双边自由贸易协定。2018年3月1日，特朗普政府宣布对进口钢铁和铝产品分别征收25%和10%的关税，强行实施贸易保护主义政策。不到一个月，美国又宣布对中国进口的商品征收500亿美元关税，并限制中国企业对美投资并购。[②] 4月初，美国贸易代表办公室依据"301调查"结果，建议对涉及航空航天、信息和通信技术、机器人和机械等行业，包含大约1300个独立关税项目上的中国产品征收额外25%的关税，上述清单直接针对"中国制造2025"计划中受益的领域。随后，特朗普要求美国贸易代表办公室依据"301调查"，额外对1000亿美元中国进口商品加征关税。[③] 9月24日，美国又实施针对中国的2000亿美元进口商品征收10%的关税。[④] 特朗普政府还在与中国达成共识后多次反悔，以不断提升要价。2019年5月5日，特朗普在推特上突然连续发文宣称，要对中国2000亿美元的输美商品加征关税，从10%增加到25%。5月8日，美国贸易代表办公室宣布，"将从5月10日开

---

① 赵明昊：《"美国优先"与特朗普政府的亚太政策取向》，载《外交评论》2017年第4期。
② Rick Noack, How Trump Risked a Trade War with China and Alienated U. S. Allies in Less Than 30 Days, https：//www.washingtonpost.com/news/worldviews/wp/2018/04/06/how-trump-risked-a-trade-war-with-china-and-alienated-u-s-allies-in-less-than-30-days/？utm_term=.81183f3d2b08, visited on 2018-09-25.
③ 《特朗普要求额外对1000亿美元中国进口商品加征关税》，http：//www.xinhuanet.com/fortune/2018-04/06/c_1122642634.htm，2018年11月21日访问。
④ Don Lee and Jim Puzzanghera, Trump Imposes Tariffs on $200 Billion in Chinese Goods, Escalating Trade War to Include Many Household Items, Los Angeles Times, Sept. 17, 2018, http：//www.latimes.com/business/la-fi-trump-china-trade-war-20180917-story.html, visited on 2018-11-21.

始把价值2000亿美元中国输美商品的关税从10%提高到25%"①。8月1日,特朗普又宣布对中国3000亿美元货物和产品征收10%的关税。8月15日,美国政府正式宣布分两批自2019年9月1日和12月15日起实施该加征关税措施。在8月23日中国宣布对750亿美元原产于美国的进口商品加征关税的反制措施后,特朗普歇斯底里地连续发布12条推特表示,将调高5500亿美元的进口中国商品关税幅度。12月13日,在中美第一阶段贸易协议达成一致之时,② 又传出美国正考虑对已免除的欧洲产品征收最高100%的关税。③ 2020年1月15日,中美达成第一阶段贸易协议后,特朗普宣布将访问中国进行第二阶段贸易谈判,但不能排除美国在协议达成后又找借口再生事端。美方措施导致中美经贸摩擦持续升级,极大损害了中国、美国以及其他各国利益,也严重威胁多边贸易体制和自由贸易原则。

在对付朝鲜、伊朗两国时,特朗普政府采取了军事上极限施压,以高压促谈判的方式,迫使对方让步。对待朝鲜,特朗普宣称,一个拥有核武器的朝鲜可能会导致世界上最具毁灭性的武器在印太地区扩散,这对全球构成威胁。美国政府促使朝鲜周边国家和美国进一步加强安全纽带,并采取更多措施保护自己、盟国和战略伙伴。④ 基于这一观念,特朗普政府随意性地不断加大军事威慑强度,信口开河地炫耀比朝鲜有更强大的核武器,一时使朝鲜半岛上空阴云密布。特朗普和金正恩于2018年6月12日在新加坡举行"金特会"后,朝核危机大为缓解。不过,2019年2月27—28日在越南举办的第二次"金特会"未能达成任何协议。

在对待伊朗方面,美国谋求在政治上加强伙伴关系圈,孤立伊朗。特朗普政府声称要与合作伙伴一道,拒绝伊朗政权寻求核武器的途径,消除伊朗的有害影响,消除伊朗在该地区的恶性活动。⑤ 2018年5月,特朗普以伊朗核协议不能彻底消除伊朗威胁和核开发为由单方面宣布退出伊朗核协议,⑥ 还以是否追随美国退出伊朗

---

① 《美国社会各界强烈反对提高中国输美商品关税》,http://finance.people.com.cn/n1/2019/0510/c1004-31076936.html,2019年5月10日访问。

② United States and China Reach Phase One Trade Agreement, https://ustr.gov/about-us/policy-offices/press-office/press-releases/2019/december/united-states-and-china-reach, visited on 2019-12-16.

③ Thomas Franck, US Weighing 100% Tariffs on More EU Products Including Whiskies and Cognac, According to Documents, https://www.cnbc.com/2019/12/13/ustr-weighing-100percent-tariffs-on-new-eu-products-including-whiskies.html, visited on 2019-12-16.

④ The White House, National Security Strategy of the United States of America, December 2017, p. 46, https://www.whitehouse.gov/wp-content/uploads/2017/12/NSS-Final-12-18-2017-0905-2.pdf, visited on 2018-06-25.

⑤ Ibid., pp. 49-50.

⑥ Remarks by President Trump on the Joint Comprehensive Plan of Action, https://www.whitehouse.gov/briefings-statements/remarks-president-trump-joint-comprehensive-plan-action/, visited on 2018-12-21.

核协议并制裁伊朗为标准，对与伊朗保持贸易关系的国家进行制裁。2019年4月8日，特朗普宣布伊朗伊斯兰革命卫队为"外国恐怖组织"，历史上将一个主权国家的武装力量列为"恐怖组织"还是首次。[1] 伊朗则对等将"美国中央司令部及其驻西亚军队认定为恐怖组织"。[2] 4月22日，美国又宣布从5月2日起美国将不再给予进口伊朗石油以豁免。6月24日，特朗普下令对伊朗最高宗教领袖哈梅内伊实施"严厉金融制裁"。9月20日，美国以"伊朗袭击沙特石油设施"为由宣布对伊朗央行等实体实施制裁。11月4日，美国在"伊朗人质事件"纪念日宣布对包括最高精神领袖哈梅内伊之子在内的9名伊朗人实施制裁。11月22日，美国财政部又发布将对伊朗通信与信息技术部部长穆罕默德·贾瓦德·阿扎里-贾赫鲁米实施制裁。2020年1月3日，伊朗伊斯兰革命卫队"圣城旅"指挥官苏莱曼尼遭美军无人机袭击身亡。[3] 作为这次行动的回应，伊朗议会通过将美军列为"恐怖组织"的动议。1月7日，伊朗对美国驻伊拉克的军事基地进行了导弹袭击。[4] 在刺杀苏莱曼尼后不久，美国又用同样的方式将阿拉伯半岛基地组织负责人卡西姆·里米斩首。3月6日，伊朗又一高级将领赛义达·扎伊纳布遭暗杀。中东局势将面临更大的安全风险。

综上，特朗普在内政和外交上显得有些随心所欲，其政府随意性地发动贸易关税威胁和使用战争边缘威胁策略，突显其国家安全战略的不确定性，以及对世界和平与稳定的破坏性。

二、特朗普政府国家安全战略不确定性的动因

特朗普政府国家安全战略的不确定性，主要是由特朗普政治经验和能力的欠缺、内阁成员频繁更换、战略安全思维的博弈性以及民主党对特朗普施加的违法调查压力等原因所致。

---

[1] Hassan Mahmoudi, U. S. to Designate Iranian Guard Corps a Foreign Terror Group, https：//beforeitsnews.com/v3/opinion/2019/2461876.html, visited on 2019-04-08.

[2] 《美国宣布将伊朗军队列为恐怖组织 背后动机耐人寻味！》，http：//www.xinhuanet.com/world/2019-04/09/c_1210103029.htm.shtml，2019年4月9日访问。

[3] Statement by the Department of Defense, https：//www.defense.gov/Newsroom/Releases/Release/Article/2049534/statement-by-the-department-of-defense/, visited on 2020-01-08.

[4] DOD Statement on Iranian Ballistic Missile Attacks in Iraq, https：//www.defense.gov/Newsroom/Releases/Release/Article/2052103/dod-statement-on-iranian-ballistic-missile-attacks-in-iraq/, visited on 2020-01-08.

(一) 特朗普政治经验和能力的欠缺

特朗普政治能力弱,没有从事政治的经验,不熟悉美国政治运转机制,在处理美国内外问题上显得力不从心,似乎无心认真解决问题。他不读简报,遇到问题时只是随性地简单处理,不受约束,冲动且欠思考,甚至前言不搭后语,根本没有长久的理性解决方案。特朗普通过平均每天发表10篇左右的推文来证明自己的"清白""冤屈"和"胜利",成为名副其实的"推特总统"。特朗普将大量的时间用在发表推文上也是其政治经验不足的表现。一个稍有从政经验的政治人物就不会过度发表推文,而应脚踏实地去解决问题。美国参议院少数党领袖舒默(Chuck Schumer)曾就此多次警告特朗普远离推特,美国不能承受这样一个"推特总统"。[①] 特朗普在移民问题上强行要求修隔离墙,在贸易问题上进行关税威胁,在朝核和伊核问题上施压,其战略蕴含着很大的风险和不稳定性,这也决定了其内外政策都难以成功实施。美国移民问题不可能因修隔离墙而得到解决,关税威胁也难以解决美国贸易赤字问题,对外极限施压反而会使美国对外关系紧张。这些手段不仅不能使美国再次伟大,反而会使其推进国家安全战略具有很大的不确定性。例如,修隔离墙的争论使美国1/4政府部门关门超过一个月,美国国家安全战略如何能在政府关门中得以实施?关税威胁不仅损害中美关系,也使美国与其盟国的关系受到很大影响。美国政府如何能在其与世界主要国家的战略关系受到很大影响的情况下推进其国家安全战略?目前来看,特朗普的零政治经验已成为美国国家安全战略实施的绊脚石。

(二) 内阁成员频繁更换

特朗普的执政风格与美国政治体制格格不入,美国国家安全战略的决策和实施因此存在很大隐患。美国政治体制讲程序、重能力,不惧怕社会批评,而特朗普要求忠诚,打击政治对手,用人不避亲,这招致其与"主流建制派"进一步分裂。特朗普对不忠诚者甚至观点异议者进行打击,要求政界"在政治上接受其领导,在行

---

① 刘阳、徐剑梅:《美参院少数党领袖批特朗普是"推特总统"》,http://www.xinhuanet.com//world/2017-01/04/c_1120243571.htm,2018年11月21日访问。

动上遵从其意志，在结论上贴近其需求和判断"①。因此，特朗普与政府高官之间存在严重矛盾，甚至不惜与高官骂架。伍德沃德（Bob Woodward）的《恐惧：特朗普在白宫》、迈克·沃尔夫（Michael Wolff）的《火与怒：深入特朗普的白宫》，以及被特朗普解职的美国联邦调查局局长科米（James Comey）的回忆录中详尽记录了大量有关特朗普与政府官员冲突、任人唯亲、采用小集团决策模式维护其权威，甚至将情报部门政治化的各种案例。

特朗普政府决策圈最初主要由"反建制派"人物构成，其中包括白宫首席战略师兼总统高级顾问班农（Steve Bannon）、总统高级顾问米勒（Steven Miller）及总统顾问康威（Kellyanne Conway）等人。② 自上任以来，特朗普对包括亲信在内的政府机构深怀疑虑和不满，频繁更换政府高官，已有 20 多名白宫中高级官员离职。其中包括第一任国家安全事务助理弗林（Michael Flynn）、白宫办公厅主任普里巴斯（Reince Priebus）、白宫新闻秘书斯派塞（Sean Spicer）、白宫首席战略师班农、白宫国家经济委员会主任科恩（Gary Cohn）、第二任国家安全事务助理麦克马斯特（Herbert R. McMaster）、联邦调查局局长科米、国务卿蒂勒森（Rex Tillerson）、司法部副部长罗森斯坦（Rod Rosenstein）等。③ 2018 年 11 月 7 日，特朗普解雇了司法部部长塞申斯。12 月 23 日，特朗普又通过推特宣布辞退国防部部长马蒂斯（James Mattis）。2019 年 3 月 8 日，空军部部长希瑟·威尔逊（Heather Wilson）宣布辞职。4 月 7 日，国土安全部部长尼尔森（Kirstjen Nielsen）辞职。6 月 18 日，代理国防部部长沙纳汉（Patrick Shanahan）不再寻求国防部部长确认程序，并将辞去国防部副部长一职。8 月 15 日，国家情报总监科茨（Dan Coats）和副总监戈登（Sue Gordon）辞职，时任国家反恐中心主任马奎尔（Joseph Maguire）出任代理国家情报总监。9 月 10 日，特朗普通过推特宣布解雇国家安全顾问博尔顿（John Bolton），9 月 18 日，特朗普宣布罗伯特·奥布莱恩（Robert O'Brien）继任国家安全顾问。10 月 17 日，特朗普又突然宣布能源部部长里克·佩里（Rick Perry）将离任，12 月 1 日，佩里正式宣布辞职，继任者是原能源部副部长布鲁耶特（Dan Brouillette）。11 月 24 日，特朗普通过推特宣布美国海军部部长斯潘塞（Richard Spence）被解职。12 月 12 日起，美国国防部印太安全事务助理部长薛瑞福（Randall G. Schrive）、负责人事和战备的副部长斯图尔特（Jimmy Stewart）等多名高官

---

① 段建炜：《对特朗普推动情报改革的评估与预测》，载《情报杂志》2018 年第 3 期。
② 刁大明：《特朗普政府对外决策的确定性与不确定性》，载《外交评论》2017 年第 2 期。
③ 徐剑梅、刘阳：《特朗普频繁换人到底为哪般》，http：//www.xinhuanet.com/mrdx/2018-03/16/c_137043070.htm，2018 年 11 月 21 日访问。

连续宣布辞职,很多职位都是临时顶替。至今特朗普政府仍有大量职位空缺,其政府机构的运转并不畅通。特朗普用人的不确定性将导致国家安全战略评估与协调的不足,也会增加国家安全战略决策和执行的不可预测性。

(三)战略安全思维的博弈性

美国国内有不少人怀有深厚的冷战情结,习惯用现实主义的博弈式竞争思维来看待和处理国际政治,特朗普成了这一安全思维的代表人物。特朗普政府生硬推出过度强调博弈竞争性的国家安全战略,打破了国际社会相对稳定的竞争状态。特朗普随意挑起事端,增加了其政府国家安全战略的不确定性。

2017年的《美国国家安全战略》将中国和俄罗斯视为战略竞争对手,认为当今世界是一个竞争世界,"美国面临的竞争和对抗不是一时的趋势或一时的问题。它们是交织在一起的长期挑战",需要美国"持续关注和承诺"等。[①] 2019年6月1日美国国防部发布的《印太战略报告》将中国称为"修正主义国家"(Revisionist Power)。[②] 这些都是冷战时期的常用语。今天,国家利益与国际社会利益高度交织,国家在追求自身利益优先的同时不得不考虑国际社会的整体利益,实现国家利益与国际社会整体利益间的平衡。然而,特朗普政府极力强调"美国优先",追求美国霸权利益最大化与绝对化,将美国利益凌驾于国际社会的整体利益之上,这将危及全球治理和国际秩序的价值基础和体制机制。特朗普政府将"大国战略竞争"视为首要关切,崇尚和迷信实力,尤其是军事实力,将国家战略安全建立在军事实力的基础之上,认为军事力量是谋求其战略安全的重要工具,因而追求打造无人能敌的军事力量。将军事实力奉为圭臬的做法折射出其权力欲望的冷战观念。[③] 这些带有强烈的博弈竞争性战略安全思维将严重损害国际安全,也会影响美国国家安全战略目标的实现,同时也会催生国际社会的恐惧感,进而引发国际社会的动荡和不安。特朗普试图在后冷战时代模仿当年的里根,推进强硬的竞争战略,与相互依存的和平发展时代相悖。正是其战略安全思维的博弈竞争性导致美国与其盟国的冲突不

---

① The White House, National Security Strategy of the United States of America, December 2017, pp. 2, 27, https://www.whitehouse.gov/wp-content/uploads/2017/12/NSS-Final-12-18-2017-0905-2.pdf, visited on 2018-06-25.

② Indo-Pacific Strategy Report, June 1, 2019, p. 7, https://media.defense.gov/2019/Jul/01/2002152311/-1/-1/1/DEPARTMENT-OF-DEFENSE-INDO-PACIFIC-STRATEGY-REPORT-2019.pdf, visited on 2018-06-25.

③ Karen J. Greenberg, Marching as to War: Trump's New Militarism, *World Policy Journal*, Vol. 34, No. 2, 2017, pp. 83-86.

断，与中国的贸易纷争久拖不决。可以说，特朗普政府时期的美国已成为世界动荡之源。

（四）民主党对特朗普施加的违法调查压力

在竞选总统失败后，民主党就着手设立一个专门对付特朗普的"作战室"，以便对特朗普政府施加压力。[①] 特朗普上台后也因此一直被民主党施加的各种违法犯罪调查所困扰，包括"通俄门"、妨碍司法、"逃税门""通乌门"和弹劾等，这些调查压力使特朗普政府国家安全战略的决策和执行具有很大的不确定性。

一是"通俄门"调查。自"通俄门"调查以来，特朗普深感不安。从2017年1月开始，特朗普竞选团队安全政策顾问和其执政后首任国家安全事务助理弗林、竞选团队外交政策顾问乔治·帕帕多普洛斯（George Papadopoulos）、竞选团队经理马纳福特（Paul Manafort）及其副手盖茨（Rick Gates）、特朗普前私人律师科恩（Michael Cohen）、特朗普密友和顾问斯通（Roger Stone），以及与特朗普竞选团队成员交往密切的荷兰籍律师兹万（Alex van der Zwaan）等多位重要人物认罪或被起诉，使特朗普在政治上处于不利局面。民主党在2018年中期选举中赢得国会众议院多数席位后，一些民主党议员坚决支持弹劾特朗普，民调也显示大部分民主党支持者希望特朗普被弹劾。[②] 众议院议长佩洛西（Nancy Pelosi）对此并不支持，她认为这并不值得，因为弹劾可能导致国家分裂。[③] 然而，实际上可能是弹劾并不一定有利于民主党，就像1998年共和党弹劾克林顿一样，尤其是"通俄门"调查自启动后并没有找到确实证据，但无论如何这给特朗普带来了巨大的心理压力。特朗普对"通俄门"调查痛恨不已，并多次在推特上公开对此进行批评和痛骂，怒称"通俄门"调查是"蓄意的政治迫害"，并辞退支持"通俄门"调查的所有官员，启用反对"通俄门"调查者。科米因为坚持进行"通俄门"调查而成为被辞退的受害者，司法部部长塞申斯因回避"通俄门"调查而遭开除，公然批评负责"通俄门"调查的司法部特别检察官穆勒（Robert Mueller）团队的惠塔克（Matthew

---

[①] 《美媒：民主党设"作战室"对付特朗普 希拉里爱将参与》，http://www.xinhuanet.com//world/2017-01/06/c_129434481.htm，2019年4月6日访问。

[②] Scott Jennings, Nancy Pelosi's Impeachment Remarks Were Laughable, https://edition.cnn.com/2019/03/13/opinions/democrats-nancy-pelosi-impeachment-hypocrisy-jennings/index.html, visited on 2019-03-18.

[③] Ell Nilsen, Nancy Pelosi Isn't Ready to Impeach Trump, https://www.vox.com/policy-and-politics/2019/3/11/18260638/nancy-pelosi-donald-trump-impeachment, visited on 2019-03-18.

Whitaker)曾短暂成为代理司法部部长。2019年3月22日，穆勒向司法部部长巴尔（William Barr）提交了《"通俄门"调查报告》，巴尔致信国会说明特朗普没有"通俄"，身背沉重"通俄门"压力的特朗普终于长舒了一口气，连续发布推特谴责"通俄门"调查和民主党，并再次声明自己的清白。实际上，"通俄门"调查还存在很多争议。在美国众议院多次呼吁公开最终调查报告的决议后，2019年4月18日，美国司法部公布了删节版的《"通俄门"调查报告》。由于该调查报告没有发现特朗普"通俄"证据，民主党表示将继续就特朗普是否妨碍司法进行深入调查。

二是妨碍司法调查。2017年5月，在穆勒被任命为"通俄门"调查特别检察官后，民主党针对特朗普的违法犯罪调查穷追不舍。2017年6月7日，民主党得州众议员格林（Al Green）和加州众议员谢尔曼（Brad Sherman）表示，特朗普在"通俄门"调查过程中妨碍司法公正。第二天，科米被传唤到参议院作证，"通俄门"调查范围也因此扩大。7月12日，谢尔曼以"重罪和行为不端"为由正式向众议院提交了弹劾特朗普议案，指控特朗普威胁和解雇科米妨碍司法公正。① 2019年3月4日，美国众议院司法委员会主席纳德勒（Jerrold Nadler）正式宣布将调查"特朗普、白宫、特朗普竞选团队是否存在妨碍司法、贪腐以及权力滥用"等问题，司法委员会将向包括特朗普的儿子和女婿在内的相关人员索取文件，以寻找特朗普及其助手妨碍司法公正的证据，② 针对特朗普的调查再次扩大。4月21日，美国众议院司法委员会、监督和政府改革委员会、众议院情报委员会负责人都表示要进一步推进特朗普妨碍司法的调查。③ 在《"通俄门"调查报告》提交后，由于该报告并没有就特朗普是否妨碍司法得出结论，该报告可能存在妨碍司法的证据，民主党因此对此紧抓不放，这也是众议院呼吁完整公开《"通俄门"调查报告》的主要原因。白宫要求前白宫首席法律顾问麦加恩（Donald McGahn）公开澄清特朗普没有妨碍司法公正的请求已被麦加恩拒绝。④

三是对特朗普逃税的调查。早在2016年总统竞选期间，就有信息披露了特朗

---

① 《美民主党议员计划弹劾特朗普 称其妨碍司法公正》，https://news.china.com/international/1000/20170608/30680146.html，2019年4月6日访问。

② 《针对特朗普涉滥权及妨碍司法 民主党将在众院展开调查》，http://www.zaobao.com/news/world/story20190305-937015，2019年4月8日访问。

③ 《美众议院三大委员会同日发声 可能弹劾特朗普》，http://world.huanqiu.com/exclusive/2019-04/14771790.html?agt=16361，2019年4月23日访问。

④ 《通俄调查风波：前白宫律师拒绝公开为特朗普证清白》，http://www.chinanews.com/gj/2019/05-12/8834195.shtml，2019年5月12日访问。

普的房地产开发公司以销售款伪装成贷款的方式避税。2018年10月2日，《纽约时报》刊文报道了关于特朗普家族财务状况的调查情况，认为特朗普家族通过成立空壳公司操纵房租价格、转移资金、超低价的变相赠与等手段逃税4.13亿多美元，特朗普从中起了关键的帮助作用。① 2019年4月3日，在"通俄门"调查还没有完全结束之际，民主党再次发起对特朗普的逃税调查，众议院筹款委员会向税务机构提出申请，要求获得2013—2018年特朗普的纳税申报记录，特朗普以正在接受审计为由拒绝公开纳税申报表。② 5月20日，华盛顿特区法院法官梅塔（Amit Mehta）下令，限期特朗普聘用的玛泽会计师事务所（Mazars LLP）公开特朗普的财务记录。可以说，特朗普一直面临民主党的财务审查，面临"逃税门"的巨大压力。

四是"通乌门"调查与弹劾调查。从特朗普当选总统开始，民主党一直有人表示要弹劾特朗普，"通乌门"成为弹劾导火索。"通乌门"调查起于美国众议院情报委员会公开的匿名举报信，举报者检举特朗普利用职权寻求乌克兰干涉美国2020年大选。特朗普2019年7月在电话中以军事援助为诱饵试图向乌克兰领导人施压，要求乌克兰总统泽连斯基调查其竞争对手拜登的儿子在乌克兰的行为，以有利于帮助他连任总统。这引发了美国众议院针对特朗普的"通乌门"调查，并由此进一步引发了2019年9月24日众议院针对特朗普的弹劾调查。9月26日，美国代理国家情报总监马奎尔出席听证会。11月13日，针对特朗普弹劾案的首场公开听证会向全美电视直播。12月3日，众议院情报委员会正式公布了弹劾特朗普总统的调查报告，并送交众议院司法委员会。③ 12月5日，众议院议长佩洛西表示将要求众议院司法委员会起草弹劾特朗普的条款。④ 12月10日，佩洛西正式宣布了针对特朗普的两项弹劾条款：滥用总统职权和妨碍国会调查。12月13日，众议院司法委员会正式投票通过了弹劾条款。⑤ 12月18日，弹劾条款获众议院正式通过。民主党把

---

① 孙语双：《美媒深挖特朗普家族"逃税门"：5.5亿遗产税实缴不足一成》，http://www.thepaper.cn/newsDetail_forward_2522128，2019年4月6日访问。

② 《美众院民主党人要求国税局提供特朗普纳税记录》，http://yn.people.com.cn/BIG5/n2/2019/0404/c378441-32812893.html，2019年4月8日访问。

③ Inquiry Reports Are Sent to Judiciary Panel: Impeachment Update, https://finance.yahoo.com/news/house-gop-snubs-pelosi-won-174556780.html, visited on 2019-12-10.

④ BREAKING: Pelosi Announces Articles of Impeachment, Says "The Facts Are Conclusive, The President Abused His Power", https://www.onenewspage.us/n/Entertainment/1zkl56v14h/BREAKING-Pelosi-Announces-Articles-of-Impeachment-Says-The.htm, visited on 2019-11-06.

⑤ Yelena Dzhanova and Christina Wilkie, Judiciary Committee Votes to Advance Articles of Impeachment Against Trump to the Full House, https://www.cnbc.com/2019/12/13/judiciary-committee-approves-articles-of-impeachment-against-trump.html?&qsearchterm=Impeachment%20trump, visited on 2019-12-16.

控的众议院并没有急于提交,而是在寻求增加新的证据或者关键证人。12 月 29 日,特朗普突然在推特转发 One America News (OAN) 关于佩洛西之子保罗·佩洛西 (Paul Pelosi) 利用母亲之便获取巨额不当利益的信息,成为其对付佩洛西和反对派的突破口。在经过了近一个月延迟后,2020 年 1 月 15 日,佩洛西签署了弹劾案并提交参议院。2 月 5 日,参议院通过决议宣布特朗普无罪。

三、特朗普政府国家安全战略不确定性的影响

特朗普政府国家安全战略的不确定性将严重损害美国的声誉和削弱其软实力,影响其国家安全战略的推进与执行,并破坏现有国际规则和国际局势的稳定。

(一) 对美国声誉的损害和软实力的削弱

美国是一个号称"自由、开放、自信"的国度。第二次世界大战(以下简称"二战")结束以后,美国以其经济、军事和政治影响力在全球独占鳌头,汇聚了世界上最优秀的人才,各种不同的人群通过合法和非法的途径来到美国学习、创业和谋生,世界上不少国家也一直在追随和仿效美国。特朗普执政后,其种种做法严重损害了美国在全球的声誉,并大大削弱了其软实力。一系列禁令、挑起贸易争端、在防务费用上对盟国施压等使"心胸狭小、自私、傲慢、缺乏自信、不负责任"的美国形象开始生长,美国的声誉因此受损,以至于难再形成对世界包括其盟国在内的巨大号召力。尽管美国在二战后至今推行的霸权政策对美国的形象有很大影响,但在世界上承担的各种责任还是有利于美国负责任国家形象的塑造,"仁慈的霸权"(benign hegemony)也是人们对美国霸权的默认和礼貌称呼,但今天特朗普政府已经使美国从一个"可信赖"的国家变成了一个不太可靠的国家,甚至运用暗杀手段实现政治目的而像个"流氓国家"。因为谁也不清楚美国政府会在什么时候突然发出威胁,也不知道会在什么时候突然制裁某个国家,什么时候会暗杀某个国家的领导人。无论是法国、德国、土耳其、日本等美国的盟国,还是中国和俄罗斯等被美国认定的战略竞争对手,或是伊朗和朝鲜等被美国认定的"流氓国家",以及印度等美国的战略伙伴,都成为特朗普政府威胁和制裁的对象。世界甚至因此有可能会出现学者害怕到美国交流、企业害怕到美国投资、国家害怕和特朗普政府打交道的现象。

（二）对国家安全战略执行力的影响

特朗普政府国家安全战略的不确定性将严重影响美国国家安全战略的执行力。战略重点不够明确会使美国国家安全战略执行起来像"盲人摸象"，这样我们就能理解特朗普政府为什么在国家安全战略的执行上变化如此之快。战略决策充满非理性和突然性会使美国政府官员在推进其国家安全战略时无所适从，这就是国防部部长马蒂斯辞职的主要原因。特朗普突然宣布从叙利亚撤军使美国在中东的战略和政策蒙上阴影，而马蒂斯辞职则会使美国中东战略的执行雪上加霜。从国际上看，美国执行国家安全战略的不确定性会引起其他国家对美国责任承诺的怀疑，这些国家不太可能会和美国一起执行贯彻纯属美国意图的战略，这也是法、德两国为什么提出要发展欧盟独立防务的原因所在。特朗普政府正使美国变成真正"孤独的超级大国"。

（三）对国际规则和国际稳定局势的破坏

特朗普政府国家安全战略的不确定性将破坏现有国际规则和国际局势的稳定。特朗普执政后制造了一系列史无前例的非常规"退群"事件。2017年1月，美国宣布退出TPP，6月宣布退出《巴黎气候协定》，10月宣布退出联合国教科文组织，12月宣布退出《移民问题全球契约》的筹备谈判；2018年5月，美国宣布退出伊核协议，6月美国常驻联合国代表宣布退出联合国人权理事会；2019年8月，美国正式单方面宣布退出《中导条约》，随后美国宣布试射了一枚常规陆基巡航导弹，引起国际社会的剧烈反应。此外，美国还表示将退出联合国《武器贸易条约》，甚至威胁退出世界贸易组织（WTO）、联合国和北约。由于美国多次行使否决权阻止WTO上诉机构新法官的产生，2019年12月11日，WTO上诉机构因两名法官任期结束，仅剩一名法官而停止正常运行。美国在重大国际协议上表现出背信弃义，这不仅削弱了美国的软实力，更为严重的是随意性地破坏了国际规则。特朗普政府频繁"退群"使美国从制定规则、维护规则的引领国家变成带头破坏规则的国家。

特朗普政府对世界既有规则的破坏是一个危险的先例和信号。如果其他国家效仿美国，世界将重回丛林状态的无序时代，这也是包括美国的主要盟国在内的世界大多数国家反对特朗普政府"退群"的主要原因。人类吸取两次世界大战的深刻教训形成的战后规则和秩序受到了"退群"的巨大挑战。假如世界变成一个没有秩序、不遵守规则的世界，美国也不可能独善其身，也会受到无序世界的惩罚。历史已经反复证明世界各国都曾经是无序世界的受害者，包括美国自身也曾在二战参战前惨遭日本的突然袭击。因此，特朗普政府"退群"有可能建构美国在世界的新身份，即美国是世界麻烦的制造者、国际规则的破坏者和世界秩序的搅局者，而不再是世界秩序的维护者和建设者。实际上，"退群"也难以维护"美国优先"的国家利益，而是两败俱伤。国际社会的确是在特朗普政府宣布"退群"后受到了损害，但美国自身也难以逃脱"退群"的惩罚。2019年美国经济放缓信号就是对特朗普政府破坏国际规则和国际局势的"回应"。

特朗普政府国家安全战略的不确定性也会破坏现有国际局势的稳定。冷战结束以后的国际局势在既有规则和秩序的影响下总体相对稳定，因为有了这些规则和以这些规则为基础的秩序，国家间的交往成本会大大降低，国际社会对各国的行为有遵守规则和顺应秩序的预期。特朗普政府推进国家安全战略的不确定性会使国际社会对其对外战略决策和行为缺乏预期，为了应对其不可预测性，各国也会运用不确定性战略，结果会造成国际局势的动荡和恶化。事实正是如此，如2018年12月19日特朗普在推特上突然宣布从叙利亚撤军，当时叙利亚已出现土耳其兵临城下的紧张局势，美国的盟友因没有得到任何撤军通知而不知所措，这也逼得时任国家安全顾问博尔顿和国务卿蓬佩奥（Mike Pompeo）兵分两路赶到中东进行安慰。2019年3月21日，特朗普又突然通过媒体对外宣布，美国承认以色列对自第三次中东战争开始占领至今的叙利亚戈兰高地享有主权，中东安全局势再度紧张起来。4月8日，美国又宣布伊朗伊斯兰革命卫队为"恐怖组织"，美伊关系进一步恶化。11月18日，蓬佩奥公开宣布美国认为以色列在约旦河西岸建立的定居点不违反国际法。2020年1月3日，美国精准暗杀伊朗海外军队与情报高官。伊朗自美国退出伊核协议后正式宣布中止履行该第五阶段协议，伊核协议濒临崩溃，中东局势又增加新的变数。

四、结语：前景展望

美国国家安全战略的不确定性与特朗普的零政治经验、内阁成员频繁更换、民主党不断施加的违法调查压力、战略安全思维的博弈性有关。此外，美国国家安全战略的推进还将受到美国国内外两大因素的影响和制约：

一是在美国国内，特朗普政府推进国家安全战略的进程将受到两党掣肘。自特朗普上任以来，以特朗普为代表的共和党与以佩洛西为代表的民主党之间的政治较量就没有停止过。中期选举后，美国国内政治已发生重大变化。中期选举前，由于共和党控制着国会两院,特朗普政府的政策也基本能得到国会两院的支持。中期选举后,虽然共和党继续控制着参议院,但民主党已赢得众议院多数,终结了共和党同时控制参众两院的局面,这使得特朗普政府的国家安全战略的实施能否得到参众两院的同时支持打上了很大的一个问号。美国民主、共和两党有众多的政见分歧,这将严重阻碍特朗普按其意图推进国家安全战略。

二是在美国国外,特朗普政府的"美国优先"战略不受欢迎。特朗普当选美国总统前后反复强调"美国优先",以确保美国国家利益的实现。然而,"美国优先"意味着其他国家靠后,无论是其盟国还是非盟国都必须优先保证美国利益,如果美国利益得不到保护,特朗普政府将会采取单边行动。这就是为什么特朗普政府会不顾国际社会的反对作出一系列反常规行动的原因之一。这些反常规的单边主义行动受到了国际社会的一致反对。即使是美国的铁杆盟友——英国也认为,特朗普政府的单边主义损害了英国利益,英国要和志同道合的国家一起推进以规则为基础的多边主义,将中国作为系统性对手不符合英国利益。[①]

另外,特朗普的个性和偏好也是美国对外战略的不确定性之所在。[②] 特朗普想成为一个政治家但又不熟悉美国政治运行机制,他常常将自己与美国历史上最伟大的政治家进行比较,并利用媒体来宣传自己。他是一个政治真人秀表演者,有些孤芳自赏和自恋人格。[③] 这些因素使特朗普执政时期的美国政治表演相当精彩,但美国与世界则承受着特朗普政治秀之痛。特朗普时期的美国已从国际秩序和国际规则的建设者和维护者变成国际秩序的破坏者。2020年年底,美国大选基本尘埃落定,拜登(Joe Biden)将成为新一届美国总统,美国的外交政策可能会出现重大调整,一个迷失的美国将"重回"世界,美国国家安全战略的确定性将增加,但特朗普时期破坏世界秩序的后遗症还将在一段时间内持续,新的世界秩序会在缓慢中建构。但无论如何,特朗普时期的美国是世界秩序演变的一个重要节点。

---

① House of Lords, Select Committee on International Relations, 5th Report of Session 2017-19, UK Foreign Policy in a Shifting World Order, https://publications.parliament.uk/pa/ld201719/ldselect/ldintrel/250/250.pdf, visited on 2019-01-11.
② 张帆:《诉诸灰色区域——特朗普政府伊朗新战略透视》,载《世界经济与政治》2018年第5期。
③ 王一鸣、时殷弘:《特朗普行为的根源——人格特质与对外政策偏好》,载《外交评论》2018年第1期。

校园安全与治理

高校"校闹"事件生成过程中的治理问题及对策*

吴晓涛　赵晓雪　郭伶俐　张　影　史红斌**

摘　要：高校"校闹"事件的频发，成为制约立德树人根本任务落实的重要因素，也暴露出学校安全事故处置中的一系列问题。本文阐述高校"校闹"事件生成演化过程，并通过我国现阶段高校"校闹"典型案例，探析影响高校"校闹"事件生成的主要因素，在总结"校闹"管理三阶段的基础上提出了有效化解高校"校闹"问题的五种对策，即突出预防为先，从源头消除安全风险；完善相关法律规范，依法打击"校闹"行为；构建"校闹"治理机制，妥善处理事故纠纷；加强多部门合作，形成共治格局；做好事后总结反思，探索"校闹"管理规律。

关键词：高校；校闹；生成演化；治理对策

一、引言

随着国家、社会现代化的不断推进，各种风险交织，高校安全问题显得越来越突出，除了来自自然、环境的风险因素，还客观存在技术、社会和人为的风险因素，因此，高校安全工作必须引起全社会的高度重视和关注。近年来，由学校安全

---

* 本文系河南省教育科学规划重大招标课题"河南省学校安全标准研究"（项目编号：2018-JKGHZDZB-03）的阶段性成果。

** 吴晓涛，河南理工大学应急管理学院副院长、副教授，主要研究领域：学校安全管理、政府应急管理。赵晓雪，河南理工大学应急管理学院硕士研究生，主要研究领域：学校安全管理。郭伶俐，河南理工大学应急管理学院教授，主要研究领域：国家治理与应急管理。张影，河南理工大学应急管理学院讲师，主要研究领域：学校安全管理。史红斌，河南理工大学党委办公室副主任、讲师，主要研究领域：学校安全管理。

事故等引发的"校闹"事件在高校内部时有发生，严重侵害了师生合法权益，影响了学校正常的教学秩序，挑战了法律底线。因此，重视和加强高校安全工作，无论是从政治、经济、文化的角度来说，还是对于国家、社会和家庭都是事关重大的问题。以习近平同志为核心的党中央高度重视学校安全工作，习近平总书记在2018年9月全国教育大会上强调指出，各级党委和政府要为学校办学安全托底，解决学校后顾之忧，维护老师和学校应有的尊严，保护学生生命安全。① 2019年8月，教育部等五部门出台了《教育部等五部门关于完善安全事故处理机制、维护学校教育教学秩序的意见》（以下简称《意见》），为推动学校安全工作有效解决提出了明确要求。

"校闹"事件俨然成为当下社会治理重点要解决的难点热点之一。"校闹"是指学校安全事故处置过程中，家属及其他校外人员实施围堵学校、在校园内非法聚集、聚众闹事等扰乱学校教育教学和管理秩序，侵犯学校和师生合法权益的行为。① 它主要表现为通过"软暴力"敲锣打鼓、聚集静坐或通过"硬暴力"毁坏财物、伤害他人，无论何种表现，都属于违法行为。目前学术界针对"校闹"事件研究较少，现有文章多借鉴治理"医闹"的做法对"校闹"事件进行成因分析，并从规范分析、价值分析两个层面研究解决问题的路径。例如，张玉胜从法律实践过程周延性、系统性、权威性及可操作性存在漏洞，治理过程中存在认知偏误分析"校闹"事件的发生原因。② 刘静指出法制缺失、政策缺陷、地方和部门管理缺位衍生出了大大小小的"校闹"事件。③ 蒋妥从多个视角出发认为"校闹"的事件方都存在相关责任。④ 此外，也有学者从个案分析入手提出维权、牟利、情感触发三大原因假设。⑤ 有关"校闹"事件的处置有赖于法律政策体制的规范，也需要从价值层面上改变人们的观念。张旭光与刘武俊均是以法律为视角探讨"校闹"事件的解决途径。张旭光强调要加强法治理念教育，建立健全相关法制规范并从司法层面加大

---

① 《习近平出席全国教育大会并发表重要讲话》，http://www.gov.cn/xinwen/2018-09/10/content_5320835.htm，2020年6月20日访问。

① 《教育部发布会介绍〈教育部等五部门关于完善安全事故处理机制 维护学校教育教学秩序的意见〉有关情况》，http://www.gov.cn/xinwen/2019-08/20/content_5422752.htm?from=singlemessage&isappinstalled=0，2020年6月20日访问。

② 张玉胜：《治理"校闹"，还校园一片安宁》，载《工人日报》2019年8月22日第3版。

③ 刘静：《"校闹"事件频发考问制度之弊》，载《辽宁教育》2014年第22期。

④ 蒋妥：《不能再向各种"闹"花钱买平安》，载《中国城市报》2019年8月26日第12版。

⑤ 张晶：《正式纠纷解决制度失效、牟利激励与情感触发——多重面相中的"医闹"事件及其治理》，载《公共管理学报》2017年第1期。

打击力度。① 刘武俊也建议运用法治思维和法治方式治理"校闹",在法治的轨道上积极妥善解决各种学校安全事故纠纷。② 黄琳斌从价值层面提倡学校要切实维护自身合法权益,坚决拒绝无理取闹的要求,在校内营造依法治校的氛围,引导家长以正确的方式解决纠纷。③ 通过梳理现有文献,我们发现针对"校闹"事件的生成演化过程及影响因素探讨较为欠缺,因此基于公共管理视角下的高校"校闹"事件生成演化过程研究尚待深化。

高校"校闹"事件是在公共领域中形成的,存在一个从生成到恢复的演化过程,牵扯到社会各界的利益。本文综合公共管理与法律视角,从高校"校闹"事件入手,通过对其生成演化的各个阶段进行梳理和成因分析,最终提出对高校"校闹"事件行之有效的化解对策。

二、高校"校闹"事件生成的主要因素分析

(一)高校"校闹"事件的生成演化流程

当前我国社会正处于快速转型期,在经济下行压力增大的同时社会矛盾有所凸显,国家为应对暴露出的各种社会风险加大了对于突发事件的应急管理。2007年颁布的《中华人民共和国突发事件应对法》(以下简称《突发事件应对法》)将突发事件解释为突然发生,造成或者可能造成严重社会危害,需要采取应急处置措施予以应对的自然灾害、事故灾难、公共卫生事件和社会安全事件。自然灾害、事故灾难、公共卫生事件和社会安全事件构成了突发事件的四种主要类型。其中,社会安全事件一般包括重大刑事案件、恐怖袭击事件、涉外突发事件、金融安全事件、规模较大的群体性事件、民族宗教突发群体事件、学校安全事件以及其他社会影响严重的突发性社会安全事件。从事件内涵及背后的生成演化机理分析,"校闹"事件属于突发事件中的社会安全事件。目前国内外学者以危机生命周期理论为框架对突发事件生成演化机理进行了深入分析,有关突发事件发展阶段的划分都体现了事件发展的时间序列性。美国全国州长协会(NGA)于1978年通过编制应急准备项目

---

① 张旭光:《防治"校闹"纠纷之探析——以法律为视角》,载《山西高等学校社会科学学报》2016年第9期。
② 刘武俊:《运用法治思维和法治方式治理"校闹"》,载《人民法院报》2019年8月28日第2版。
③ 黄琳斌:《给"校闹"套上法治的缰绳》,载《福建日报》2015年3月10日第10版。

最终报告——《综合应急管理：州长指南》，将危机管理划分为四个阶段。之后美国联邦安全管理委员会对危机管理四个阶段加以修正，优化为减缓（mitigation）、准备（preparation）、响应（response）、恢复（recovery）四个方面。① 我国学者陈福今等依据危机管理过程设计了一个简要的五阶段模型，即预警与准备、识别危机、隔离危机、管理危机以及善后处理五个阶段。② 薛澜根据突发事件可能造成威胁、已造成威胁和危害、危害逐步减轻和恢复将突发公共事件演化划分为预警期、爆发期、缓解期和善后期四个阶段。③ 针对"校闹"事件进行生成演化流程划分，实质上是将其纳入危机生命周期理论中分析。"校闹"事件作为社会安全事件中的一类，也经历了一个从产生、发展再到恢复的过程，同时在诱因和自身独特因素的影响下，其在不同阶段也表现出不同的流程结构特征。依据突发事件生成演化一般阶段模型和自身内在特性，可以将"校闹"事件生成演化过程划分为正常状态、学校安全事故发生、学校安全事故处置、"校闹"事件爆发、事件应对、恢复六大阶段，而"校闹"事件由单纯的学校安全事故逐步生成为"校闹"，其背后是多重影响因素综合作用的结果，参照生成演化流程结构提取分析，影响"校闹"事件生成的主要因素包括事件发生的前提、催化剂、导火索、助燃物，如图1所示。

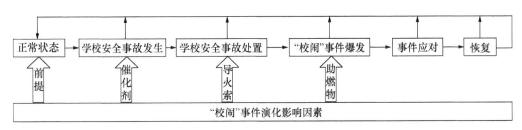

图1　"校闹"事件生成演化动态流程

（二）典型案例

近年来，我国发生了多起民众围堵学校，扰乱公共秩序，侵害师生合法权益的"校闹"事件，大有超越"医闹"事件的势头。针对典型案例进行实证分析，有助于我们深入探究高校"校闹"事件生成演化流程和影响因素。

案例一：2019年第一天，22岁的大四女生小苗在宿舍自缢身亡。据小苗亲属

---

① T. E. Drabek, Managing the Emergency Response, *Public Administration Review*, Vol. 45, Special Issue, 1985, pp. 85-92.
② 陈福今、唐铁汉主编：《公共危机管理》，人民出版社、党建读物出版社2006年版，第30页。
③ 薛澜、张强、钟开斌：《危机管理：转型期中国面临的挑战》，清华大学出版社2003年版。

分析，小苗自杀是因为 2017 年 6 月 21 日的一起失火事件。当时，小苗与同学在宿舍用热水器导致失火，整个宿舍物品付之一炬。事后学校给予小苗处分，并经常将事件作为反面教材进行公开批评，因压力过大，小苗选择了自杀。在警方保存的小苗手机中，也留有她写下的遗言，其中提到自己"受不了周围嘲笑的眼光"。在事后处理过程中，学校分管领导召集学生处、保卫处及院系相关领导召开紧急会议，并成立学校事故处置小组，其间多次同小苗家属进行协商，但都未达成共识。校方认为自身是依据学校条例规定对小苗进行处分，不存在失责，只能给予人道主义补偿。小苗家属则认为校方处罚过于严厉且不注意方法，应当承担责任。双方意见不一，后小苗家属联系媒体引导网络舆论对学校施压，部分媒体和自媒体在事故调查结果尚未公布的情况下编写转载了大量抨击学校行为的文章，一些不明真相的群众出于对事故家属的同情也对学校一味指责。一时间学校面临巨大舆论和事故处置压力，社会矛盾聚集并放大。

案例二：2018 年 10 月 27 日晚，某高校学生唐某在校外出租房内死亡，经法医鉴定，唐某是因为糖尿病酮症酸中毒死亡。据校方通报称，唐某因身体原因，经其本人及家长多次强烈要求，办理完校外住宿手续后，在校外租房住宿。事发后，学校成立事故调查处置小组负责事故后续的调查协商工作，警方也在第一时间到场展开现场调查取证工作。但在事故协商过程中，即 2019 年 1 月 10 日上午 10 点 06 分，唐某家属及亲属 40 余人冲进学校"拉横幅、喊口号、发传单"，要求学校尽快给家属一个具体的交代，并拿出赔偿方案，否则会发动更多的亲属到学校"讨说法"。当时正值学校上课期间，学校的正常教学秩序受到严重干扰。在此次事故中，有律师认为学生已满 18 周岁，在校外居住因自身病因导致身亡学校不应当承担责任，而学生家属纠集亲属冲进学校拉横幅、喊口号等行为属于典型的寻衅滋事行为，侵犯了学校及其师生的合法权益。

案例三：2018 年 11 月，一则名为"学生校内溺亡，学校推卸责任"的消息在社交媒体上广泛传播，引发社会关注。11 月 10 日，涉事学校通过学校官微对此事进行了回应，向社会大众发布通报，公布了事件的调查结果。据通报指出，2018 年 11 月 4 日晚，该校会计专业女生谢某在校内湖中溺水。事发当时，有多名学生在现场进行了施救，学校也及时联系最近的医院对溺水学生进行了抢救，但谢某送往医院后经医学鉴定已死亡。经当地警方立案侦查，证实谢某系因情感纠纷导致情绪过激跳水身亡，排除他杀。事后，学校成立了以学校校长为组长的事故专项工作小组负责事故处置工作，同时安排人员安抚家属，承诺给予家属道义上的补助。但谢某家属对学校的处置结果并不接受，他们要求学校给予 200 万元的补偿，还作出了围堵校门、堵塞交通、拉横幅标语、抱遗像示威要挟等行为。在事故调查结果尚未明晰的情况下，谢某家属还在社交媒体上发帖对学校提出质疑，要求给予说法。

（三）生成的主要影响因素

1."校闹"事件生成的前提：法律制度和预防处置机制不完善

高校"校闹"事件爆发是多重影响因素综合作用的结果。法律制度的不健全、预防与处置机制的不完善为冲突的爆发埋下了隐患。现阶段，我国学校法制建设仍比较滞后，我国《民法典》"侵权责任"编虽对学校的责任进行了原则性的规定，但在实践中存在具体规定不够细致的问题。尤其是在家校纠纷、事故责任划分上，内容规范不够明确，容易造成片面加重校方责任。近年来，我国出台的《学生伤害事故处理办法》《中小学幼儿园安全管理办法》等法律法规，多属于部门规章和地方性法规，法律效力不强，起不到有效的规范作用。上述三起典型案例中都存在家校双方意见的不统一，现阶段法律制度难以明确划分事故责任，使得家属借此向学校寻求大额经济补偿。

事前预防与处置机制的不完善也会使学校安全事故纠纷不能在源头掐断，出现冲突苗头后无法及时化解，引发严重"校闹"事件。尽管《突发事件应对法》《学生伤害事故处理办法》等法律规范都强调事前预防的重要性，把事故预防摆在第一的位置，但在实践过程中部分教育部门和高校存在侥幸心理，忽视安全防范，应急预案建设工作缺失或者不考虑自身特点，造成预案制定同质化严重，日常演练工作不到位，使得事故发生后应急预案不具备实施的可能性。此外，针对学校安全事故纠纷的处置程序还不够规范，从纠纷发生前的预警环节到发生后的当事人利益表达环节、事故多方的协商调解环节与最终的救济救助环节基本处于摸索阶段，还未形成一套行之有效的完善机制。因此，事故发生后，学校难以按照规范的处置程序有效处理纠纷，受害一方当事人不清楚如何维护自身权益，纠纷双方只能寻求对抗手段解决问题。上述案例二中事故处置流程和调查处置结果公布的滞后，致使唐某的家属在事故发生两个多月后闯入校园，实施暴力"校闹"行为，扰乱了学校的正常教育教学秩序，并以此向学校施压，说明当前"校闹"处置程序的模糊容易导致事故处置的滞后从而激化家校双方的矛盾，诱发"校闹"行为。

2."校闹"事件生成的催化剂：学校管理缺位

学校管理缺位是学校安全事故风险演化为"校闹"事件的催化剂。现代社会是一个风险社会，高校作为人员身份复杂且集中的特殊地区，极易发生各类安全事故，造成的损失也较之其他地区惨重。这就需要校方重视安全保卫管理工作，将事故风险降至最低。然而，现如今我国学校治校仍普遍沿用传统管理模式，存在理念体制落后、管理疏忽、责任心弱、硬件设施陈旧等问题。风险排查与风险防控工作不到位，许多学校进出登记制度存在弊端，巡逻制度、通报制度或是不够完善或是流于形式。部分学校同地方有关部门尚未建立起安全工作部门协调机制，缺少对于突发事件的联动联防联控。"校闹"事件爆发的主要诱因是学校安全事故的发生，而现阶段多数学校安全事故是可以通过管理行为避免的。上述案例一中小苗所在的某高校对校园电路硬件设施检修更新不足，对学生日常违规电器使用排查工作力度不够，一定程度上抬高了学校安全事故风险。另外，在事后又忽视了对于学生必要的心理疏导工作，致使学生小苗长期处于较强心理压力之下。这也说明学校管理存在的不足易造成学校安全风险演变为事故，一定程度上催化了"校闹"事件的发生。

3. "校闹"事件生成的导火索：情感触发与牟利意图、政府与公安机关缺位

学校安全事故并不一定会演化为"校闹"事件，许多时候由于家校双方采取正当方式进行事故处置，最终事态会朝着乐观的状态转化。在"校闹"事件的演变过程中，受害者家庭的情感触发与牟利意图、政府与公安机关的失位成为事故演变的导火索。子女是整个家庭的未来和希望，独生子女家庭更是如此。学校安全事故的发生，通常会对受害者的身心造成巨大损害，高校学生作为学校主体，往往成为事故受害者。在情感触发下，受害方家庭情绪激动，会通过暴力手段向校方宣泄。[①]部分受害方家属出于牟利动机，不追求事故责任的明晰划分和校方责任，却诉求大额经济补偿。而对校方来说，学校稳定和社会声誉比经济损失更为重要，这就给受害方通过非常规方式同高校讨价还价提供了条件。上述案例中的家庭都因为学校安全事故痛失子女，在情感和牟利动机的触发下家属选择采用暴力手段与学校对抗。政府与公安机关缺位也加速了"校闹"事件的发生。现阶段一些地方政府未能妥善处理好"维权"与"维稳"的关系，一旦出现事故，维稳意识强烈，要求学校尽快息事宁人恢复秩序，加剧了"花钱买平安"现象的发生。公安机关由于缺乏明确的法律法规，调查取证难度大，因而对"校闹"人员依法处置困难。少数民警对受害方家属抱有同情心，主要采取疏导教育手段，未能按照相关惩治原则和程序依法处置，起不到有效震慑作用。

---

① 王英伟：《医闹行为的归因模型构建及干预路径选择——基于扎根理论的多案例研究》，载《公共行政评论》2018年第6期。

4. "校闹"事件生成的助燃物：媒体扩散渲染

在"校闹"事件爆发后，部分媒体对于不实信息的扩散渲染加速了"校闹"事态的扩大。当今社会媒体在传播信息与实施社会监督中充当着重要作用，同时因其第三者身份使得在学校安全事故纠纷中处于弱势的受害方家庭往往向其寻求帮助。其中少数缺乏职业素养的不良媒体，为博关注在未弄清事故真相之前就对高校和老师展开批判，向社会发布不实信息，误导公众。在媒体的推动下，部分公众在不了解真实情况的状态下就对学校群起而攻之，"校闹"者更加有恃无恐，造成事故纠纷扩大，社会矛盾最终激化。上文案例三中谢某的家属在事故责任划分尚不明确的情况下，为博取社会大众的关注与同情通过网络散布不实信息。部分媒体不加甄别地进行转载，引导舆论对学校进行批判，给政府与学校增添了压力，最终引发事态失控。

三、高校"校闹"事件治理存在的问题

（一）预防处置机制埋藏隐患

高校"校闹"事件是由学校安全事故引发的，因此加强事故预防、规范处置程序，就一定程度上能从源头避免事故发生或将事故化解在萌芽状态，减少不必要的成本代价。长期以来，政府及高校对于安全事故预防工作的重视力度不够，覆盖全过程的应急处置预案缺乏，应急预案制定流于形式，缺乏一定实操性。针对师生的安全教育、法制教育、生命教育和心理健康教育也较为缺乏，尽管《学生伤害事故处理办法》规定学校应当对在校学生进行必要的安全教育和自护自救教育，但我国高校多是以示范性、观赏性为导向的演练教育模式，起不到防范事故灾害的预防作用。此外，现实中赔偿渠道及风险分担机制的单一，使得事故发生以后如何进行赔偿、标准如何界定等问题缺乏明确的规定，往往出现以"闹"谋求更大赔偿的现象。在事故处置中学校承担巨大压力，缺乏多元化的损害赔偿机制，单凭校方责任险不能完全覆盖现有学校安全方面出现的种种事故，难以有效化解风险。

（二）法律依据模糊责任难清

我国是法治国家，社会矛盾与问题的解决应该运用法治思维和法治方式，然而在实践中，高校"校闹"事件的频发表明了安全事故法制层面的治理不足。一方面，法律制度缺失，纠纷责任难以划分。2019 年，教育部等五部门出台的《教育

部等五部门关于完善安全事故处理机制、维护学校教育教学秩序的意见》明确了八类"校闹"行为,对"校闹"依法治理作出具体规定,但我国目前针对校园安全治理高层次专门性法律如《校园安全法》仍未出台。我国《民法典》"侵权责任"编虽然规定了学校在尽到教育管理职责没有任何过错的情况下,不应承担责任,但对于具体职责范围却并没有作出明确界定,因此学校安全事故发生后,依法处置成为难题。由于适用法律依据的模糊性加之法律诉讼成本较高,大部分出事家庭会选择通过扰乱公共秩序、损害他人合法权益等不正当方式,向学校和行政管理机关施压,损害法制权威。另一方面,在事故处置当中存在忽视法律原则的情况。个别政府和学校出于维稳和社会安全的需要,在学校安全事故纠纷发生后,秉持息事宁人的态度,不顾法律原则,妄图"花钱买平安",片面加重学校责任。少数公安机关对于"校闹"事件持观望态度,对出事家庭抱有"同情心",未能依据处置原则和法律程序依法惩处"校闹"人员,严厉打击涉及"校闹"这种犯罪行为,难以形成有效防范冲突的震慑力。

(三) 多元化纠纷处理渠道不畅通

学校安全事故发生后,政府机关、学校及其他责任人应在短时间内控制好事态,降低损失并做好沟通工作,保证学校的安全稳定。事实上,"校闹"事件的出现,正是因为纠纷处理存在问题所导致的矛盾激化。《民法典》与《学生伤害事故处理办法》等相关法律规范规定,目前学校安全事故纠纷的处理主要有三种渠道:家校双方自行协商解决、调解解决和诉讼解决。在实际操作过程中,纠纷主要通过司法诉讼、出事家庭向学校及行政管理机关施压,政府、学校出于维稳压力,为了息事宁人,给予赔偿的方式得到解决。因为事故发生往往造成学生身心损害,出事家庭情绪普遍激动,较难通过协商的方式与学校达成和解。此外,当前我国第三方调解机制也不够完善,受害一方认为纠纷调解组织是政府组织机构,有偏袒之疑,质疑其公正性,不愿进行调解。虽然存在多元纠纷救济渠道,但处置过程中由于协商调解机制的不足,造成频频使用暴力手段化解纠纷,加剧了"校闹"事件的发生。

四、高校"校闹"事件治理的对策建议

高校"校闹"事件的生成演化是多重因素耦合的结果,其中不仅仅涉及学校安全事故双方,在现代社会信息传播下,高校"校闹"事件甚至可能转变为大型的社

会群体事件。因此,"校闹"治理是一个长期而复杂的过程,需要针对事件生成演化的不同阶段采取具体针对性的措施。在危机生命周期理论中,针对危机管理主要应用"4R"模型,它由减少、预备、反应、恢复四个阶段组成。[①] 其中,减少是指通过事前风险辨识和预防减少危机情景的攻击力和影响力。预备是在减少后的残余危机基础上开展相应的应急准备。两个阶段都开展于突发事件发生之前。反应阶段侧重于危机发生时的反应和处置。最后,在危机事件结束后采取相应恢复措施修复危机损害。[②] 这是一种基于突发事件演化过程关键环节的循环管理模式,四个阶段之间具有紧密的逻辑关系。"校闹"事件作为社会安全事件的一类,通过危机生命周期理论对其演化流程进行分析,结合危机管理"4R"模型可以确定其管理的三个阶段,即预防与准备阶段、反应阶段、恢复阶段(见图2)。在确定"校闹"事件管理三个阶段的基础上,本文对"校闹"事件的管理提出一些对策建议(见图3)。

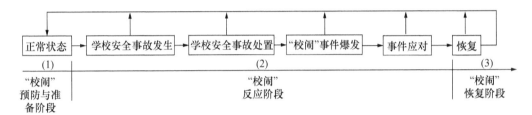

图 2　"校闹"事件管理阶段

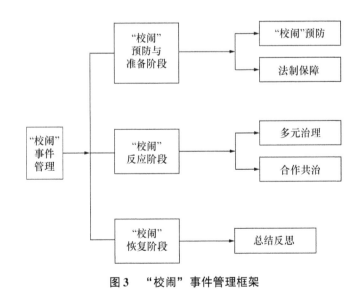

图 3　"校闹"事件管理框架

---

① 卢文刚、舒迪远:《基于突发事件生命周期理论视角的城市公交应急管理研究——以广州"7·15"公交纵火案为例》,载《广州大学学报(社会科学版)》2016年第4期。

② 罗云主编:《安全生产理论100则》,煤炭工业出版社2018年版,第305—306页。

（一）"校闹"预防与准备阶段：预防为先和法制保障

1. 突出预防为先，源头消除安全风险

"校闹"事件的演化是一个完整的过程，应当实现源头治理，突出预防为先。现在，我国高校安全事故预防主要是以被动预防为主，即以义务性规定为主，忽视了预防机制的设置与预防的主动性。要实现"校闹"事件的根源治理，一方面要建立覆盖安全事故全过程的应急处置预案。预案要考虑地区与学校易发生并与师生紧密联系的突发事件进行编制，同时尽可能地具体明晰以提升实用性和可操作性。预案的生命力来自不断改进和完善，地方政府与高校还应定期组织应急演练，发现并改正预案中存在的问题，以便真正发挥应急预案的实际作用。另一方面，要建立高校安全风险排查与防范机制。各级教育部门要会同、配合有关部门依法对学校校舍、场地、消防、交通、卫生、食品等事项进行监督，指导学校完善安全风险防范体系，发现问题及时要求整改。公安机关在依法惩处涉校违法犯罪的同时，应积极做好高校及周边安全风险防控工作。目前全国公安机关正深入推进立体化治安防控体系建设，在高校内部及周边全面加强警务室和"护学岗"建设，有针对性地对校园周边进行巡逻防控，以便及时发现并消除校内安全隐患。高校自身通过开展大学生生命安全教育、法制教育、心理健康教育，在引导大学生树立正确思想观念的同时，传授其自我保护的技能也能从根本上消除潜在安全事故隐患。①

2. 完善相关法律规范，依法打击"校闹"行为

依法治理"校闹"是全面依法治国的应有之义。现阶段，学校安全事故纠纷通过"闹"的方式解决，体现了法治化治理的缺失与不足。运用法治方式化解"校闹"，首先是要尽快对现有法律法规进行整合。近年来，国务院与相关部委陆续出台了如《中小学幼儿园安全管理办法》《学生伤害事故处理办法》《公安机关维护校园及周边治安秩序八条措施》等行政法规与规章。各地方也积极结合自身特点出台了针对学校安全的地方性法律规范。由于层次较低且过于分散，对于"校闹"的治理缺乏强制性和稳定性。在这种情况下，出台一部具有普遍指导意义的高层次专门性法律着实必要。《校园安全法》的制定应在整合当前法律法规的基础上做到尽可能具体化、具备实操性，明确处置原则与程序，合理界定事故多方的责任，使"校闹"的治理做到有法可依。此外，针对高校安全事故处置过程中爆发的"校闹"行为，地方政府和公安机关要依法进行打击，维护高校教育教学和生活秩序。

---

① 郝玲、王丰：《杜绝"校闹"的有效策略》，载《教书育人》2018年第5期。

教育部等五部门在2019年8月出台的《意见》明确了八类"校闹"行为,要求公安机关在发生这八类"校闹"行为时及时出警,依法制止。对拒不走合法程序、聚众闹事者,公安机关应依照相关规定予以处罚,涉及犯罪行为的要依法追究刑事责任,防止社会中出现逆示范效应。

(二)"校闹"反应阶段:多元治理和合作共治

1. 构建"校闹"治理机制,妥善处理事故纠纷

治理机制作为治理所需要遵循的一整套规范、程序或模式,是社会治理有效实施的保障。由于高校"校闹"行为缺乏完善的治理机制,特别是纠纷解决机制和损害赔偿机制不足,造成少数家长以"闹"的方式与学校博弈,争取最大限度的赔偿。现阶段"校闹"治理机制构建,其一是,要健全充分有效的纠纷解决机制。调解作为我国化解社会矛盾纠纷的重要办法,可以充分引入"校闹"事件的化解中。对于学校安全事故责任明确,各方无重大分歧或异议的,可以通过协商化解纠纷。教育部门应会同司法行政机关推进第三方纠纷调解组织建设,组织机构由人大代表、政协委员、法治副校长、教育和法律工作者等具备专业知识或能力的人员组成。当学校安全事故纠纷遇到家校和解、行政调解、司法诉讼等利益表达不畅时,中立的"第三方"组织可以利用其独特的身份和专业知识化解纠纷。[1] 在调解过程中,要实现"能调则调",可以有效降低成本提高效率。而当学校安全事故纠纷进入诉讼途径时,司法机关应坚守法律底线,及时依法判决,切实保护家校双方权利,杜绝片面加重高校责任。其二是,要强调多元化损害赔偿机制在"校闹"事件解决中的作用。学校安全事故处置往往牵扯到大额经济补偿,在校方无责任的情况下,学校的人道主义补偿无法对家属产生太大作用,造成"校闹"事件的发生。高校应在投保校方责任险的同时,积极购买校方无过失责任险和其他领域责任保险,引导学生家长增强通过保险转嫁风险的意识。[2] 地方政府要通过完善社保政策和保险制度统筹协调"校闹"问题,给予高校一定的经济资助,缓解校方压力。

2. 加强多部门合作,形成共治格局

高校"校闹"事件的演化有着复杂的因素,涉及多方主体,需要凝聚社会共识和部门合力进行联合治理。高校"校闹"事件共治格局的建立具体涵盖以下方面:一是与政府部门合作进行高校周边的综合治理工作。公安机关作为武装性质的国家

---

[1] 刘根林:《浅谈全面推进依法治国背景下高校"校闹"之防治》,载《科技风》2016年第22期。
[2] 于晓蕾:《家长"校闹"背后的法律问题分析》,载《中国校外教育》2015年第2期。

机关，对于社会治安事件具有执法权且对高校负有保障安全责任，应当同教育部门、高校承担起学校及其周边安全风险防控工作，指导学校健全突发事件预警应对机制和警校联动联防联控机制。卫生、交通、住房、食品等相关部门应在自身管辖范围内联合高校，加强对学校内部及周边环境的综合治理与监管，预防安全事故的发生。二是与媒体合作有效应对涉及学校安全事故纠纷的舆情。危机事件发生后，人们通常想要在第一时间获取事件信息，若无法获得，人们会通过各种途径获取各种信息，甚至是未经确认的信息，此时也是谣言传播的最好时机。高校需加强与媒体的沟通，做好安全事故的信息发布工作，做到主动适时通报，保障公民的知情权，同时避免谣言传播与扩散。媒体在报道学校安全事故纠纷时，应遵从事实真相，全面深入掌握证据后进行公正报道，引导正确的舆论方向，降低事故风险。三是与社会公众合作，营造尊法学法守法用法的社会氛围。高校要完善与家庭之间的联系机制，可以通过家长委员会、家长会、辅导员家访等方式加强家校双方的沟通，形成和谐家校关系。司法行政机关要协调指导有关部门加强全社会的法制宣传教育，增强社会公众的法治意识，对典型"校闹"事件应对处理汇编案例加大宣传，推动形成法治化化解学校安全事故纠纷共识，降低"校闹"事件的"示范"作用。

（三）"校闹"恢复阶段：总结反思

在恢复阶段，主要任务是对"校闹"事件整个过程中的经验教训进行总结反思。以往的"校闹"治理多关注事前预防措施的出台和事件爆发后的应急处置，对于事后的总结和反思则往往认识不足。高校在"校闹"事件结束之后，针对事前预防准备和"校闹"事件处理中出现的问题和经验进行一系列总结，可以提高其在"校闹"事件预防和处理中的综合能力，有效避免此类事件的发生。具体而言，高校"校闹"事件的总结反思主要包括三个方面：一是在事件处置后，组织相关部门调查人员对此次事件的爆发原因进行分析，评估事件处置措施的科学性，探讨事件发生各阶段的特点，进一步深化对于事件的认识。同时注意发现此次事件中暴露出的问题，收集事件处置经验以增强对于"校闹"事件预防准备及处置机制的研究。二是根据调查结果，对事件的发生属于学校和教职工失职或处理不力所致的要加以追责，以发挥警示作用。三是根据事件暴露出的问题寻求整改措施，不断改进高校学生管理制度，完善学校安全事故应急管理方案，提升在校师生和教职工的安全意识和培训力度，进一步减少学校安全事故的发生。①

---

① 莫岳云、朱申宝：《危机生命周期框架下突发性群体事件的协商式治理》，载《长白学刊》2019 年第 3 期。

认知、情绪、信心对高校学生学习投入的影响

——新冠肺炎疫情下心理健康的中介效应

白 锐 翁镇豪 邓晓琳 李晓晓[*]

摘 要：新冠肺炎疫情下，高校学生基本都采取了居家在线学习的方式继续学习。在这一史无前例的学习实践与实验中，对学生学习影响最直接的是心理因素与社会支持。基于教育管理学中的学习投入理论，本文初步建立起一个探讨重大疫情期间居家在线学习实效的理论模型。本项研究特别关注以下问题：学生在疫情中的认知能力、情绪面貌与信心水平在多大程度上影响着学生的学习投入？学生的心理健康是否会在其中起中介效应？通过问卷调查及后续实证研究发现，认知投入、情绪投入、信心投入对学习投入具有明显的正向影响，并且心理健康发挥了中介作用。本文基于相关发现，提出了一些改善学习实效的建议，并预测未来学习模式会因此次疫情及学习体验而发生深刻变化。

关键词：学习投入；认知能力；信心水平；情绪支持

一、提出问题

2020年年初，新型冠状病毒肺炎疫情（以下简称"疫情"）肆虐全球。相较于2003年"非典"疫情，此次疫情来势凶猛，它传染性强、传播范围广、病死率高。疫情暴发初期正值春节期间，加上前期防控力度不够，这给我国疫情联防联控提出

---

[*] 白锐，武汉大学政治学博士，暨南大学公共管理学院/应急管理学院副教授，主要研究领域：政治学、公共行政学。翁镇豪、邓晓琳、李晓晓，暨南大学公共管理学院/应急管理学院行政管理专业硕士研究生，主要研究领域：政治学、公共行政学。

了巨大考验。武汉封城后，各省陆续宣布启动重大突发公共卫生事件一级响应。由于此次疫情持续的时间较长，且相关的疫苗还在临床试验阶段，为减少人员流动以抗击疫情，2020 年 1 月 27 日，教育部印发《教育部关于2020 年春季学期延期开学的通知》。该通知要求，部属各高等学校、地方所属院校、中小学校、幼儿园等学校适当推迟 2020 年春季学期开学时间，春节返乡学生未经学校批准不要提前返校。1 月 29 日，教育部正式发出倡议，各大中小学校利用网络平台，展开"停课不停教、停课不停学"活动。[①] 2 月 4 日，教育部发布《教育部应对新型冠状病毒感染肺炎疫情工作领导小组办公室关于在疫情防控期间做好普通高等学校在线教育组织与管理工作的指导意见》，指出各高校应保证疫情防控期间的教学进度和教学质量，实现"停课不停教、停课不停学"。随后，各省区市教育厅、教委和高校陆续发布相关举措，积极应对与周密部署"停课不停教、停课不停学"等工作。为更好地防控疫情与落实政策，全国高校在极短时间内组织了有史以来规模最大、线上课程最多、覆盖人数最广的网络教学。疫情之初确定的"停课不停教、停课不停学"的目标现已实现，但是"停课"真能做到"不停学"吗？

从校园管理与教育管理的角度看，这次疫情下的线上学习活动成为前所未有的一次"实验"。首先，是大规模线上教学能力的实验。2015 年教育部曾发布《教育部关于加强高等学校在线开放课程建设应用与管理的意见》，该意见指出，我国未来将建设一批以大规模在线开放课程为代表、课程应用与教学服务相融通的优质在线开放课程。由于线上教育有其独特优越性，人们对其正面效果有一些期待。但它能否成功地突破传统的教育方式从而使在线教学成为传统教学方式的有力补充，能否展示出智能性、交互性、开放性、虚拟性等优势，通过这次全国性的线上教学实验可以得到检验。其次，从以学生为本的角度看，线上教学活动与传统教学活动大为不同，表现在从常规教学的面对黑板到面对屏幕、从教室空间到网络空间、从传统课堂活动到数字化课堂活动的转变，这些转变能否让学生迅速适应在线课堂的学习环境，获得较为理想的学习效果，还有待检验。

有鉴于此，本文提出以下问题：居家在线学习的大学生和硕士研究生的认知、情绪以及信心水平是否会影响其学习效果？心理健康的变化是否会作为中介变量进一步影响学生们的学习投入？

---

① 《教育部：利用网络平台，"停课不停学"》，http://www.moe.gov.cn/jyb_xwfb/gzdt_gzdt/s5987/202001/t20200129_416993.html，2020 年 1 月 29 日访问。

二、文献综述

1. 学习投入的相关研究

学习投入是指个体的一种与学习活动相关的积极、充实的精神和认知状态，具有持久性和弥散性的特点，表现为学生愿意把时间和精力倾注于学习活动中。① 学习投入研究最早始于20世纪30年代美国学者对任务时间（time on task）的研究，当时学者们认为学习效果与学生投入到学习上的时间成正比，后来学者们逐渐认识到学生学习时间投入这一行为表现背后可能有更深层次的其他要素在起作用。20世纪80年代中后期，学者开始关注学习投入的具体定义和影响因素。总的来看，研究者对学习投入的界定主要包括以下方面：（1）学习投入是一种行为投入。提出这种观点的学者普遍用学生在学习活动中的行为表现和参与程度等行为投入强度来判断学习投入状况。（2）学习投入是一种情感投入。持这种观点的学者认为，学习投入体现在学生对学习活动的兴趣、价值和情感体验上。（3）学习投入是一种认知投入。这种观点认为，学习投入的关键在于学生在学习活动中的动机、努力和策略等使用情况。（4）学习投入是行为投入、情感投入、认知投入中两种的组合。（5）学习投入是行为投入、情感投入、认知投入三者的共同作用。② 这些定义分别从不同角度与不同层次切入，均体现了研究者对学习投入的初步界定。

目前学界对于学习投入的研究主要集中在教育学和心理学领域，对学习投入的概念、测量方法、影响因素和影响效果都有一定的研究成果。其中弗雷德里克斯（J. A. Fredericks）等提出"学习投入"是一个复杂的概念，其受到多种因素的影响，认为学习投入主要分为行为、情绪、认知三个参与维度。③ 行为投入指个体参与教学活动的高度卷入，包括对学校的学术、社会和课外活动等学业、非学业参与；情绪投入指学生对学习活动成员（如老师和同学）、班级或学校及相关情景的情绪反应，涉及情绪的正向和负向反应，如学生对学校的归属感；认知投入指学生个体的一种意识上投入，包括学生在学习活动中的策略和心理资源投入。同时，弗雷德里克斯等还指出，学习投入体现了个体与环境的相互作用机制。倪士光、伍新春整合出影响学习投入的因素：（1）个体变量，包括人口统计学变量（如学生的

---

① 何旭明、陈向明：《学生的学习投入对学习兴趣的影响研究》，载《全球教育展望》2008年第3期。
② 张娜：《国内外学习投入及其学校影响因素研究综述》，载《心理研究》2012年第2期。
③ J. A. Fredericks, P. C. Blumenfeld, & A. H. Paris, School Engagement: Potential of the Concept, State of the Evidence, *Review of Educational Research*, Vol. 74, No. 1, 2004, pp. 59-109.

性别、种族、家庭收入等）和个体特征变量（如情绪、承诺等）；（2）环境变量，包括家庭和学校等变量。① 因此，已有对于学习投入测量指标和影响因素的研究都集中在学习活动的行为卷入，对学习活动、班级或学校场所及情景等的情绪反应和认知投入上。但学校并非是一个封闭性的组织系统，社会环境因素对学生学习投入的影响同样不可忽略，社会环境因素会影响学习活动形式和班级、学校的具体情境等，所以学生个体对社会环境变化在情绪和认知上的反应同样会影响学习投入。

本研究以重大疫情时期为背景，更多体现了在全媒体学习生态环境下的在线学习投入情况，目前已有研究对于在线学习投入的界定大致可分为心理学取向分析和社会学取向分析两种：（1）在心理学取向的学习投入分析方面，在线学习投入主要由行为投入、认知投入和情感投入三个维度组成，三个维度之间存在内部联系且彼此相互作用。② 但有研究者指出，在线学习可能对学生的努力和意志力提出更高的要求，要注重从学生对自身在学习过程中行为、认知、情感的调控能力上考虑个体的学习投入，这项调控能力被称为"元认知投入"，包括学生的自我导向、自我约束和自我激励等。③（2）在社会学取向的学习投入分析方面，国外有学者在计算机支持的探究性学习环境中对学生的学习投入进行分析，将在线学习投入拓展为投入层次，并从低到高划分为行为投入、社交性投入、认知投入和概念—效应性投入，将学习投入构建为一个兼具多元性、动态性、情境性和协作性的整体框架。④ 此外，还有一些研究的关注点在于影响在线学习投入的因素，以便解决人们更为关心的如何提高在线学习投入效果问题，从而改进在线教育的质量和成效。影响在线学习投入的因素主要包括学习者、教师和技术三个方面，其中在学习者层面上认为学习投入主要受年龄、动机、信心、技能素养等因素的影响。⑤ 由此可见，已有研究认为在线学习生态环境更强调学生个体对自身行为、认知、情感的调控能力。鉴于学生处于特殊时期的居家隔离状态与全媒体环境的学习状态，同样符合这种对学习心态与意志提出更高挑战的学习投入情况，重大疫情下的在线学习投入也会与个体信心

---

① 倪士光、伍新春：《学习投入：概念、测量与相关变量》，载《心理研究》2011年第1期。
② S. L. Christenson, A. L. Reschly, & C. Wylie (eds.), *Handbook of Research on Student Engagement*, Springer, 2012, pp. 36-42.
③ Peter Shea, Suzanne Hayes, Sedef Uzuner Smith, et al., Learning Presence: Additional Research on a New Conceptual Element Within the Community of Inquiry (col) Framework, *Internet and Higher Education*, Vol. 15, No. 2, 2012, p. 26.
④ Suparna Sinha, Toni Kempler Rogat, Karlyn R. Adams-Wiggins, et al., Collaborative Group Engagement in a Computer-Supported Inquiry Learning Environment, *International Journal of Computer-Supported Collaborative Learning*, Vol. 10, No. 3, 2015, pp. 273-307.
⑤ 尹睿、徐欢云：《国外在线学习投入的研究进展与前瞻》，载《开放教育研究》2016年第3期。

因素有密切的联系，但这种关系尚未得到相关研究的实证性检验。

2. 信心因素与心理健康的引入

信心是情感投入的一个方面，但情感投入不同于情绪投入，情绪多与人的生理性需要相联系，而情感则更多与人的社会性需要相联系。郭继东在对英语学习情感投入的研究中，提出学习情感投入可分为内在情感投入和外在情感投入两大类，内在情感投入中包括信心这一因素，对学习成绩也会具有直接的正向预测作用。① 李晶晶、娄星在对高职院校学生学习动机的调查研究中发现，信心在很大程度上影响着学生的学习积极性和主动性的发挥。② 基于此，信心作为学生社会性情感的一部分，对于学习投入存在着更深层次的内在影响，反映了学生对学习活动和班级、学校及社会等具体情境的心理效应。此外，信心对学习投入的影响力可能会在社会突发公共卫生事件等环境冲击下更为突出。

朱越等对疫情下负性情绪影响心理健康的条件过程模型研究表明，重大疫情下公众产生的负性情绪会对心理健康造成不良影响，人际疏离感在其中会起到重要调节作用。③ 李文昊、祝智庭认为，大规模疫情时期居家隔离式学习、跨媒体学习和疫情新闻报道等会导致非常规远程教育状态下的学生心理波动等特殊问题。④ 目前，各种心理健康相关研究表明重大疫情时期大众的心理健康均可能受到不同程度、多个方面的冲击或影响。对于大学生群体而言，学习形式与课堂环境的转变，以及对疫情相关信息的主动或被动接受，这些外在环境变化都会对他们的心理情况造成或多或少的影响。曾武等有过一项关于医学生群体的心理健康对学习成绩影响的研究，认为心理健康是影响学习成绩重要的综合性因素，但具体到心理健康的某个层面，尚无法取得一致的结论。⑤ 张信勇等探讨了大学生的学习投入与心理的健康坚韧性之间的关系，发现健康坚韧性在承诺、控制、挑战各维度与学习投入都有非常显著的正相关。其中承诺是指学生对于目标和意义的个体感知，并能通过积极投入学习和生活表现出来；控制是指学生相信命运由自己掌握，个体可通过努力实现学习和生活目标；挑战则指环境变化是生活的常态，它可以为自身成长提供助力。⑥

---

① 郭继东：《英语学习情感投入的构成及其对学习成绩的作用机制》，载《现代外语》2018年第1期。
② 李晶晶、娄星：《高职院校学生学习动机调查分析与建议》，载《职业技术教育》2011年第8期。
③ 朱越、沈伊默、周霞、杨东：《新型冠状病毒肺炎疫情下负性情绪影响心理健康的条件过程模型：人际疏离感的调节作用》，载《西南大学学报（自然科学版）》2020年第5期。
④ 李文昊、祝智庭：《改善情感体验：缓解大规模疫情时期在线学习情绪问题的良方》，载《中国电化教育》2020年第5期。
⑤ 曾武、黄子杰、林大熙：《医学生心理健康对学习成绩影响的研究》，载《中国心理卫生杂志》2003年第10期。
⑥ 张信勇、卞小华、徐光兴：《大学生的学习投入与人格坚韧性的关系》，载《心理研究》2008年第6期。

段陆生、李永鑫从积极心理学视角切入，发现专业承诺、学习倦怠和学习投入存在密切关系，学习投入与专业承诺呈显著的正相关，而与学习倦怠呈显著的负相关。[①] 此外，对于高校学生心理波动的成因，目前学界比较关注医学生这一群体，这与学业压力和未来职业规范有关，使医学生的培养和教育越来越受到重视。张欣等通过定量分析提出，医学生的心理健康水平与其学习情况、身体健康状况、生活习惯以及体育锻炼等因素有关。[②] 医学生与其他专业学生在学习过程和学习活动中存在着不少共性，有足够理由认为学习认知、个人情绪和意志信心等方面的因素对大学生群体的心理健康存在不同程度的影响作用。

通过梳理现有影响学习投入因素的研究，可以发现目前很多对于学习投入的研究还是以弗雷德里克斯等提出的学习投入三个参与维度（行为、情绪、认知）为参照物，并在此基础上整合或提出了一些不同领域的影响因素，如元认知投入、情感投入、能动投入等，这表明学者们逐渐意识到学习投入的复杂性、扩散性和动态性，使研究学习投入及其影响因素难以聚焦在单一角度。此外，一些学者提及的"信心因素或心理健康因素影响学习投入的假设"尚未经过实证性分析的检验，但其中的影响机制已经受到广泛关注。

三、研究假设

从内嵌于学习过程中的行为、情绪、认知因素来看，学生在这三方面的投入程度会决定其最终学习效果。[③] 换言之，若学生加大认知、情绪与信心的投入会在一定程度上影响学习投入，并且这种因果机制是以直接或间接的方式进行的，甚至存在其他因素在二者之间起中介效应。基于以上考虑，本研究尝试在以下方面建立假设：

1. 认知投入、情绪投入、信心投入与学习投入

关注学生的学习投入，是为了观察学生在多大程度上发挥自身能动性以影响最终学习成效。[④] 学习投入强调的是学生在学习中行动、感知与思考的过程，并表明

[①] 段陆生、李永鑫：《大学生专业承诺、学习倦怠与学习投入的关系》，载《中国健康心理学杂志》2008年第4期。

[②] 张欣、李晓文、樊鑫、孙炜、孙景芬：《医学生考试期间心理健康状况及其影响因素分析》，载《中国医科大学学报》2019年第7期。

[③] G. R. Pike, J. C. Smart, G. D. Kuh, et al., Educational Expenditures and Student Engagement: When Does Money Matter? *Research in Higher Education*, Vol. 47, No. 1, 2006, p. 847.

[④] M. M. Handelsman, W. L. Briggs, N. Sullivan, et al., A Measure of College Student Course Engagement, *The Journal of Educational Research*, Vol. 98, No. 3, 2006, p. 184.

其是否愿意花费时间和精力沉浸在具有教育性意义的活动中。[1] 影响学习投入的主体有两个：一是学生，个人所收获的学习效果与其付出的时间、精力、努力是相关的，个人努力程度也是最重要的因素；二是学校，能够尽可能提供让学生参与并受益的活动，为学生营造激发学习潜力的环境氛围。[2] 因此，为保证学习投入的质量与效果，学生不仅需要参与具有主动认知过程的学习活动，而且还要在有教育性意义的环境氛围中能动学习。

（1）认知投入、情绪投入与学习投入。具体来说，影响学习投入的因素包括行为、情绪和认知三个方面。第一，行为投入强调的是个体在校期间参与学习活动或课余活动的行为卷入度，包括学术性学校活动、非学术性课外活动、朋辈间社交性活动。第二，情绪投入强调的是学生面对学习任务时表现出来的对他人的积极情绪反应与对学校的归属认同程度，包括与同学日常相处的感情认知、对全体教职工的主观看法、对学校教学活动的直观感受三个方面，此外还需考虑学生对自身学习的兴趣与评估。第三，认知投入是一种思维训练，包括学生在学习过程中使用的思考策略与内化于心的心理活动，强调学生对学习活动所付出的努力，着重考查学生对学习策略的掌握程度，囊括学生做了什么、如何做到、做的效果怎么样。简言之，学习投入包含行为因素（参与学校活动的程度）、情绪因素（对老师、同学以及学校的反应）与认知因素（对学习投入的精力），这三个因素既相互独立、互不相属，又共同影响学生最终的学习投入。因此，个体在某一方面的投入越高，总体学习投入也会越高。基于此，本文提出假设1和假设2：

假设1：认知投入与学习投入之间存在正相关关系，加大认知投入会提高学习投入。

假设2：情绪投入与学习投入之间存在正相关关系，加大情绪投入会提高学习投入。

（2）信心投入与学习投入。由于本文的研究对象是疫情期间的大学生学习投入，因而有必要了解这一特殊时期对于大学生学习情况的影响。考虑到大学生在疫情期间处于居家状态，大多数高校也采取线上直播的授课方式，致使大学生无法返校参与线下的学术性学校活动或非学术性课后活动，本研究也无法测量出大学生在疫情期间的行为投入。基于上述特殊背景，本研究决定将弗雷德里克斯等人提出的学习

---

[1] G. D. Kuh, J. Kinzie, J. H. Schuh, et al., Assessing Conditions to Enhance Educational Effectiveness: The Inventory for Student Engagement and Success, Jossey-Bass, 2005, p. 26.

[2] G. D. Kuh, T. M. Cruce, R. Shoup, et al., Unmasking the Effects of Student Engagement on First-Year College Grades and Persistence, The Journal of Higher Education, Vol. 79, No. 5, 2008, p. 540.

投入三因素理论进行相应的修正，剔除"行为投入"，引入"信心投入"。信心投入指学生坚信自己能为一种学习活动实施持续性行为的态度，且能够在该过程中伴随高涨的学习热情。[①] 该因素反映学生对于学习任务的积极反应程度，表明其拥有足够能力应对学习中出现的挑战，能及时对学习中的应激现象作出回应，包括询问学习问题、解决学习任务、参与教师或同学发起的讨论。[②] 因此，本文提出假设3：

假设3：信心投入与学习投入之间存在正相关关系，加大信心投入会提高学习投入。

2. 认知投入、情绪投入、信心投入、心理健康与学习投入

（1）认知投入、情绪投入、信心投入与心理健康。心理健康是个人在成长过程中呈现出来的一种积极心理状态，指个体在适应外部环境的同时实现生理、心理与社会之间的协调一致，并持续保持良好的心理功能。[③] 心理学的研究表明，当个人处于应对外部挑战的状态时，会产生各种不同程度的情绪反应，如恐惧、焦虑、不安等，但这些负面情绪的出现是符合预期心理规律的。[④] 身处疫情特殊期间的大学生难以避免负面情绪的产生与持续，并且该负面情绪会或多或少地影响自身心理健康，从而不利于学习目标的达成。随着疫情的发展，大学生所处环境也在发生相应的变化，个人应该清楚意识到这些变化，并及时采取积极的应对措施。为此，大学生需要加强疫情期间的情绪投入，积极接纳自身在疫情期间出现的各种不良情绪以改善心理健康。此外，大学生还可以提高卫生健康知识的获取与认知能力，消除对于疫情期间居家学习的片面认知，从而增强居家学习的信心程度，保持良好心理健康状态。故而，通过加大认知投入、情绪投入和信心投入会在一定程度上改善自身心理健康状况。基于此，本文提出假设4、假设5和假设6：

假设4：认知投入与心理健康之间存在正相关关系，加大认知投入会提高自身心理健康。

假设5：情绪投入与心理健康之间存在正相关关系，加大情绪投入会提高自身

[①] 孟凡茂：《CBFA下学习者的动机信念、精力投入及反馈行为关系研究》，载《现代教育技术》2016年第1期。

[②] 雷玉菊、周宗奎、田媛：《网络学习环境下学习者的动机信念对学习投入的影响》，载《中国电化教育》2017年第2期。

[③] Naomi Gyamfi, Navjot Bhullar, Md Shahidul Islam, *et al.*, Knowledge and Attitudes of Mental Health Professionals and Students Regarding Recovery: A Systematic Review, *International Journal of Mental Health Nursing*, Vol. 29, No. 3, 2020, p. 340.

[④] Yusen Zhai and Xue Du, Mental Health Care for International Chinese Students Affected by the COVID-19 Outbreak, *The Lancet Psychiatry*, Vol. 7, No. 4, 2020, p. 26.

心理健康。

假设6：信心投入与心理健康之间存在正相关关系，加大信心投入会提高自身心理健康。

（2）心理健康与学习投入。当面临一些重大变化或巨大威胁时，个人会不自觉地产生整体性的调适反应，这就是典型的"应激行为"，包括生理反应和心理反应。① 在疫情期间，由于人体长期处于疲惫、隔离、易感染等抵抗力消减过程中，对外部刺激非常敏感，所以容易产生"应激行为"。对于大学生而言，高校无法顺利开学、采取线上网络学习、居家开展学习讨论等"重大变化"在一定程度上破坏了大多数学生的常规学习规律，并对其心理健康造成一定的负面影响。因此，在处理外部威胁时所产生的心理健康问题就不可避免地成为干扰学习投入的因素。然而，如果学生的心理非常健康，会在学习过程中不自觉地进入积极状态以抵消外部环境变化，并由此感到充实与快乐。② 所以，通过提高心理健康水平的方式来强化学生学习状态，可以促进学习效率与学习投入的提高。故而，本文提出假设7：

假设7：心理健康与学习投入之间存在正相关关系，提高自身心理健康会加大学习投入。

综合以上研究假设，本文尝试建立起如图1所示的中介效应模型，以展示疫情期间大学生认知投入、情绪投入、信心投入、心理健康与学习投入之间的逻辑关系。

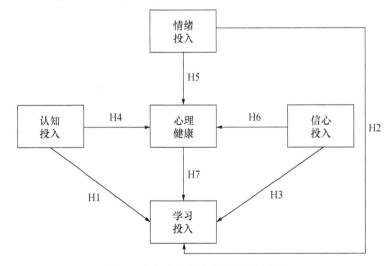

图1　本文中介效应模型及研究假设

---

① 马爱民、瞿正伟、颜军、傅健：《大学新生应对效能在心理应激与适应中的中介作用》，载《中国心理卫生杂志》2017年第12期。

② 孙时进、刘小雪、陈姗姗：《大学生应激与社会支持来源的相关研究》，载《心理科学》2009年第3期。

四、实证分析

本研究主要运用 SPSS Statistics 26 软件进行实证分析，包括变量描述性统计分析、相关分析、分层多元回归分析。此外，运用 SPSS Statistics 26 软件中的 PROCESS 宏程序检验中介效应，在分层回归的基础上，结合 Bootstrap 方法检验心理健康的中介效应。

1. 研究样本

为保证数据来源的客观性与代表性，研究样本囊括了能代表我国南部、中部、北部地区的 35 所高校，分别是中山大学、暨南大学、武汉大学、武汉理工大学、清华大学等；为避免共同方法偏差的影响，研究问卷的回收时间是从 2020 年 4 月至 5 月中旬，在该时间段大多数高校正式实行网上授课形式。本研究采取网络填写的方式，共发放 1500 份问卷，最终回收问卷 1416 份，问卷回收率为 94.4%；剔除无效问卷，剩余有效问卷 1410 份，问卷有效率为 99.6%。其中，研究样本中的各项人口统计学变量的描述性统计如表 1 所示。

需要提及的是，尽管无法做到严格的结构化抽样，但本研究在投放问卷时兼顾了疫情严重地区（湖北）和疫情不严重地区的样本平衡。此外，在经济与社会发展水平较高、疫情压力也较大的广东加大了问卷的投放；在经济发展水平相对落后的贵州省投放了较大比例的问卷。总之，因本疫情而承受较严重社会、经济与心理影响的学生都能够在研究样本中得到充分反映。图 2 显示了研究样本的地域分布范围。

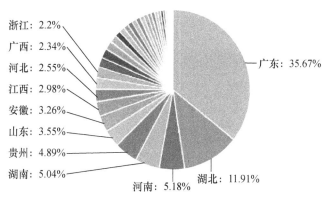

图 2 研究样本地域分布饼图

表1 研究样本的描述性统计

题项	选项	频数	频率
性别	男	599	42.48%
	女	811	57.52%
年级	大一	522	37.02%
	大二	419	29.72%
	大三	230	16.31%
	大四	52	3.69%
	大五	3	0.21%
	研一	102	7.23%
	研二	22	1.56%
	研三	20	1.42%
	其他	40	2.84%
专业类别	文科	746	52.91%
	理科	158	11.21%
	工科	373	26.45%
	艺术	33	2.34%
	其他	100	7.09%
地区	南部	782	55.46%
	中部	410	29.08%
	北部	218	15.46%

2. 信度分析

鉴于本研究采用问卷调查法,为保证问卷的信度,选取前人验证过的成熟量表并根据疫情背景进行相应修改而成。问卷所有题目采用李克特五级量表法计分,"1"代表"完全不符合"、"2"代表"比较不符合"、"3"代表"一般"、"4"代表"比较符合"、"5"代表"完全符合"。通过对总量表和各个自变量的 Cronbach's α 系数进行分析可知,调查问卷中的各个自变量的 Cronbach's α 系数均在 0.9 以上,表明其信度很高;总的 Cronbach's α 系数为 0.92,说明其信度非常理想,问卷内部一致性很高。

表2 Cronbach 信度分析

变量	维度	维度 Cronbach's α 系数	Cronbach's α 系数
认知投入	卫生知识认知	0.930	0.920
	卫生知识甄别	0.911	
情绪投入	个人情绪察觉	0.910	0.907
	个人情绪表达	0.905	
	个人情绪管理	0.905	
信心投入	国内外疫情态度	0.909	0.913
	回校学习预想	0.916	
心理健康	/	0.915	0.915

注:总的 Cronbach's α 系数为 0.92。

3. 描述性统计分析

因为问卷采用的是李克特五级量表，分值越大表示该题项说法越符合自身情况，本研究变量的描述性统计分析如表3所示。从变量总体情况来看，五个变量中的总体均值都超过3，介于"一般"与"比较符合"之间。情绪投入与心理健康是两项总体均值超过4的变量，表明其比较符合填答者的实际情况；剩下的认知投入、信心投入、学习投入分别是3.12、3.88、3.63，均没有达到"比较符合"，尤其是认知投入是五项变量中总体均值最低的一项，说明学生对于这三个方面的投入程度存在提升空间。从个别变量的维度来看，认知投入中的"卫生知识甄别"均值是2.68，略低于中值，即学生对疫情期间卫生知识的甄别能力尚有不足。

表3 变量的描述性统计分析

变量	维度	平均值	标准差	总体均值
认知投入	卫生知识认知	3.56	1.14	3.12
	卫生知识甄别	2.68	1.27	
情绪投入	个人情绪察觉	4.05	0.95	4.31
	个人情绪表达	4.88	1.00	
	个人情绪管理	4.00	0.87	
信心投入	国内外疫情态度	3.82	1.03	3.88
	回校学习预想	3.93	0.95	
学习投入	居家学习情况	3.66	1.08	3.63
	线上学习效果	3.59	1.09	
心理健康	/	4.30	0.87	4.30

4. 中介作用分析

在认知投入、情绪投入、信心投入对于学习投入的影响过程中，心理健康是否会起到中介作用？为此，本研究运用SPSS Statistics 26软件进行了中介效应检验，共涉及三个模型，结果如表4所示。模型1的因变量为学习投入，自变量为认知投入、情绪投入与信心投入；模型2是在模型1的基础上加入中介变量心理健康作为自变量；模型3的因变量是心理健康，自变量是认知投入、情绪投入与信心投入。模型的代数表达式如下：模型1：$Y = cX + e_1$；模型2：$Y = c'X + bM + e_2$；模型3：$M = aX + e_3$。

（1）认知投入、心理健康与学习投入

首先，模型1中认知投入的B系数为0.209，呈现出0.01水平的显著性，说明其会对学习投入产生显著性的影响关系，因此假设1成立。其次，模型3中认知投入呈现出0.01水平的显著性，同时模型2中心理健康也呈现出0.01水平的显著性，说明中介效应存在于三者的关系中，假设 4 与假设 7 相继成立。最后检验认知投入是起部分中介还是完全中介作用。在模型 2 中，认知投入也呈现出 0.01 水平的显著性，说明为部分中介作用。换言之，认知投入在对学习投入的影响过程中，一部分是自身影响，还有一部分是通过心理健康影响。

（2）情绪投入、心理健康与学习投入

首先，在模型 1 中情绪投入的 B 系数为 0.634，呈现出 0.01 水平的显著性，说明其会对学习投入产生显著性的影响，因此假设 2 成立。其次，模型 3 中情绪投入呈现出 0.01 水平的显著性，模型 2 中心理健康同样呈现显著关系，说明中介效应存在，假设 5 与假设 7 相继成立。最后检验心理健康是起部分中介还是完全中介效应。在模型 2 中，情绪投入也呈现 0.01 水平的显著性，说明起部分中介作用。也就是说，情绪投入在对学习投入的影响过程中，一部分是自身影响，另一部分是通过心理健康影响。

（3）信心投入、心理健康与学习投入

首先，在模型 1 中信心投入的 B 系数为 0.205，呈现出 0.01 水平的显著性，表明其与学习投入呈现显著的正相关关系，因此假设 3 成立。其次，在模型 3 中信心投入呈现出 0.01 水平的显著性，同时模型 2 中心理健康也呈现出 0.01 水平的显著性，说明中介效应存在，假设 6 与假设 7 相继成立。最后检验信心投入是起部分中介还是完全中介作用。在模型 2 中，信心投入也呈现出 0.01 水平的显著性，说明起部分中介作用。换言之，信心投入在对学习投入的影响过程中，一部分是自身影响，还有一部分是通过心理健康影响。

表 4 中介效应作用分析

	模型 3 心理健康		模型 1 学习投入		模型 2 学习投入	
	B	标准误	B	标准误	B	标准误
常数	0.817**	0.066	-0.444**	0.070	-0.511**	0.074
认知投入	0.336**	0.02	0.209**	0.021	0.181**	0.023
情绪投入	0.410**	0.028	0.634**	0.030	0.600**	0.032
信心投入	0.166**	0.026	0.205**	0.028	0.191**	0.028
心理健康					0.082**	0.028
R^2	0.679		0.710		0.712	
调整 R^2	0.679		0.711		0.711	
F 值	990.513		1145.469		865.685	

注：* 表示 $p<0.05$，** 表示 $p<0.01$。

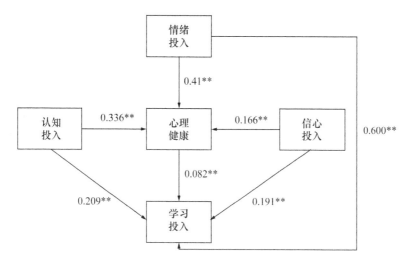

图 3　自变量、中介变量与因变量间的关系

注：* 表示 $p<0.05$，** 表示 $p<0.01$。

为了进一步检验中介效应，本研究运用 Hayes 开发的 SPSS/SAS 宏 PROCESS 进行 Bootstrap 检验，重复抽样 500 次，分析中介变量的间接效应置信区间为心理健康：$\beta=0.29$（CI=0.190~0.384）。由于置信区间都不包含 0，所以心理健康的确在认知投入、情绪投入与信心投入影响学习投入过程中承担中介效应（见图 3）。因此，前述分析结果得到进一步的验证。

为进一步观察中介效应的影响程度，本研究对上述各变量之间的直接效应、间接效应、总效应进行了拆分，结果如表 5 所示。其中，直接效应是认知投入、情绪投入、信心投入对学习投入的影响系数；间接效应是认知投入、情绪投入、信心投入对于心理健康的影响系数乘以心理健康对于学习投入的影响系数；总效应为直接效应与间接效应之和；中介效应比例为间接效应除以总效应。

表 5　中介变量效应分解

自变量	中介变量	直接效应	间接效应	总效应	中介效应比例
认知投入 情绪投入 信心投入	心理健康	0.0660	0.1300	0.1960	66.3%

五、结论与启示

本研究基于 1410 份有效学生问卷，对疫情期间的学生居家学习数据进行采集与实证分析,首先,在综述相关文献的基础上,提出以弗雷德里克斯等的学习投入三因素理论为基础的理论假设模型,并对其进行相应的修正,剔除"行为投入",引入"信心投入"。其次,试图将心理健康作为影响学习投入的中介变量,从而对情绪投入、认知投入、信心投入与心理健康和学习投入之间的关系进行了探索,研究结论如下:(1)疫情期间的学生情绪投入、认知投入和信心投入和最终的学习投入之间存在显著的正相关关系。疫情期间,学生提高学习过程中的认知投入、情绪投入与信心投入能够显著提高最终学习投入,进而影响最终的学习效果。(2)情绪投入、认知投入和信心投入与作为中介变量的心理健康之间也存在显著的正相关关系,增强情绪投入、认知投入和信心投入能够显著提高学生的心理健康水平。最后,心理健康与学习投入之间也存在正相关关系,提升学生心理健康水平将会增强其最终的学习投入。诚然,影响学习投入的因素很多,如家庭、老师、同学、学习条件等,都会影响最终的学习投入。但本文的研究核心在于控制住家庭、老师、同学、学习条件等外生性变量,探明认知投入、情绪投入、信心投入、心理健康与学习投入之间的关系。因此,本文基于以上的实证分析,试图从情绪建设、认知投入、信心塑造维度为学生获取高效学习投入提出以下对策和建议:

1. 加强情绪建设

一个人的情绪易受外界环境影响,尤其对于长时间处于居家在线学习的学生而言,其个人情绪很容易受到来自各方面的影响。首先,对于学生来说,应及时关注居家学习期间的自身情绪变化,找出引起情绪变化的症结所在,并对症下药以尽早从消极情绪中走出来。其次,要加强教师与学生之间的交流,加强网络协作学习,提高学习活动参与度,促进学生保持较高的学习投入。由于在线学习不仅会使同学缺乏参与课程的体验,而且老师无法及时传达课堂学习反馈,学生就会因难以进入课堂学习氛围而产生"听课与不听课无所谓"的念头,致使学生对某门课程产生焦虑、恐慌等不良情绪,严重影响了学生的学习投入。为此,网络课程的设计应鼓励同学参与课堂,建立积极的在线互动平台,给学生营造良好的情绪氛围。最后,对于学校来说,应该关注学生在线学习时产生的情绪反应,并采取适当的线上沟通以了解学生情绪,整体把握学生的情绪方向。因此,学校要建立沟通对话机制,使学校的教学安排可以取得学生的情绪反馈,并根据学生反馈作出调整。

2. 加大认知投入

认知投入是一种心理认同,更多的是学生在学习过程中使用的思考策略和内化于心的心理活动,强调学生对学习活动所付出的努力程度。而疫情期间的在线学习似乎更是一种被动学习向主动学习的转变,大学生应尽快从心理上认同上课方式和适应授课环境。尽管居家学习的确给学生带来诸多不便，但学生也要从自身角色出发，明确作为学生的首要责任、明确学习的真正意义，并给予自己相应的期待。此外，学生应努力培养主动学习意识，为每一堂课甚至每个科目都制订出适合自己的学习计划，并定期总结反馈。这不仅是学习投入中的思考策略，而且还能起到增强认知投入的效果。因此，学生只有树立正确的认知并加大认知投入，方能增强学习投入，进而影响最终的学习效果。

3. 加强信心塑造

"罗森塔尔效应"是教育心理学中的著名效应，它强调"学生期望什么，就会得到什么"。在罗森塔尔实验中，若第三方给予学生一定的期待，学生会因此对自己抱有期待，从而对学习产生积极影响。实际上，"罗森塔尔效应"是一种自信心的建立过程，心理学上称之为"自我暗示"，即通过主观想象某种特殊的人与事物的存在来进行自我刺激，以此达到改变行为和主观经验的目的。[①] 首先，对于学生来说，自我暗示是一种有效地建立信心的方式，特别是在疫情期间的长期居家学习过程中，信心的建立是一个过程，自我暗示的背后应是对自己的一个清楚的认识。其次，对于老师来说，也应该给予学生一定的期待，这对于学生增强对学习的信心投入是十分重要的。此外，在线学习活动中也会涉及实操性课程，教师要耐心指导学生使用在线学习工具，以便学生能迅速适应网络学习环境，增强学生在线学习的特殊效能感，进而增强其学习信心。

本研究也保留了一些问题需要进一步回答甚至校正。例如：（1）本研究所涉数据的收集方法是网络问卷填答方式。尽管问卷能从多维度对被测试者进行多棱面的直接测量，这种方法相较于单项目测量方法更加注重对综合性因素的考虑，但其有效性也会受到社会期待效应的影响。（2）本研究的调查对象群体主要分布于我国中东部地区，西部地区的样本数量较少，这可能会使研究结果存在一定的局限性，后续研究可在更大范围内进行以检验研究结论。

[①] 马欣、魏勇：《家长教育期望中的"罗森塔尔效应"循环模型探析——基于CEPS的模型检验》，载《新疆社会科学（汉文版）》2017年第1期。

公共危机管理

基于知识管理视阈的基层政府危机学习机制研究
——以新冠肺炎疫情应对为例*

郭雪松　袁紫梦**

摘　要：对政府危机学习机制进行研究，有助于提升政府危机应对能力。本文基于知识管理视阈，运用内容分析法对基层政府危机学习的作用机制展开研究。通过分析知识管理过程的知识获取、知识转移和知识同化三个阶段，本文构建了基层政府学习机制研究框架。本文具体以西安市各区政府应对新冠肺炎疫情为例，选取各区政府工作记录，进行文本内容的三级编码和相关性抽样检验。研究发现，基层政府危机学习内容包括行为调整和结构调整，而危机批示、激励设置、动员机制和组织文化等因素在不同阶段对基层政府危机学习效果产生影响。

关键词：危机学习；基层政府；知识管理

一、引言

危机事件是组织学习的起点，[①] 也是应急管理的处理对象。[②] 通过危机学习，

---

* 本文系国家社会科学基金重点项目"韧性视角下的城市灾害风险评估与治理研究"（项目编号：19AZZ007）、陕西省软科学项目"完善陕西集中连片特困地区基层社会治理机制研究"（项目编号：2019KRM069）的阶段性成果。

** 郭雪松，管理学博士，西安交通大学公共政策与管理学院教授、博士生导师，主要研究领域：应急管理与风险治理。袁紫梦，西安交通大学公共政策与管理学院硕士研究生，主要研究领域：应急管理与风险治理。

① W. Broekema, D. van Kleef, & T. Steen, What Factors Drive Organizational Learning from Crisis? Insights from the Dutch Food Safety Services' Response to Four Veterinary Crises, *Journal of Contingencies and Crisis Management*, Vol. 25, No. 4, 2017, pp. 326-340.

② C. M. Pearson and J. A. Clair, Reframing Crisis Management, *Academy of Management Review*, Vol. 23, No. 1, 1998, pp. 59-76; A. Donahue and R. Tuohy, Lessons We Don't Learn: A Study of the Lessons of Disasters, Why We Repeat Them, and How We Can Learn Them, *Homeland Security Affairs*, Vol. 2, No. 2, 2006, pp. 20-48.

组织可以有效提高危机应对能力，①从而有效降低灾害损失。近年来，我国应急管理体系不断优化，但协同配合不畅、资源配比不均等问题依然存在。对此，需要进一步分析政府危机学习过程中的深层问题，从而健全政府应急管理体系，全面提升应急管理能力。

对危机知识进行收集、整合是危机学习的重要环节。②为此，需关注知识管理全过程，从而有效提升危机应对效率。③在危机情境中，内在学习机制深刻影响着组织学习的内容和层次。目前我国关于危机学习机制的研究主要集中在事故调查、公共质询等方面，④聚集于政府危机学习机制的研究相对较少，对于基层政府危机学习的具体机制及其作用路径等问题尚缺乏深入探讨。⑤此次新冠肺炎疫情的发生为研究者提供了一个短暂的危机情境的观察窗口，使研究者得以从微观视角考察基层政府的危机学习过程。

本文基于知识管理视阈，以新冠肺炎疫情应对为例，运用内容分析法对基层政府危机学习机制问题展开研究。具体通过拆解基层政府在危机中的学习行为，挖掘潜在学习机制影响危机学习的途径和方式，并将这些途径和方式置于微观层面进行探讨。具体而言，本文主要研究以下几个问题：基层政府的危机学习过程如何？基层政府存在哪些危机学习机制？这些机制如何影响基层政府的危机学习过程和学习效果？

二、研究设计

1. 研究框架

在危机学习过程中，知识管理是区分常态学习和危机学习的关键要素。通常，单环学习主要侧重解决一些简单的、常规的程序化问题，而双环学习可以有效应对复杂问题。⑥ Argyris 和 Schön 认为，组织学习是组织行为主体将经验、信息与常规

---

① A. Farazmand, Learning From the Katrina Crisis: A Global and International Perspective with Implications for Future Crisis Management, *Public Administration Review*, Vol. 67, No. S1, 2007, pp. 149-159; A. Boin and P. Hart, Public Leadership in Times of Crisis: Mission Impossible? *Public Administration Review*, Vol. 63, No. 5, 2003, pp. 544-553.

② 李丹、马丹妮：《公共部门危机学习动态过程及其知识管理研究》，载《中国安全生产科学技术》2011 年第 1 期。

③ 李志宏、王海燕：《知识视角下的突发性公共危机管理模式研究》，载《科技管理研究》2009 年第 10 期。

④ 张克、张美莲：《公共安全危机学习机制及其优化策略——基于事故调查和公开质询的比较分析》，载《中国公共安全（学术版）》2019 年第 3 期。

⑤ 张美莲等：《政府危机学习》，社会科学文献出版社 2019 年版；张美莲：《西方公共部门危机学习障碍在中国是否同样存在？——来自四川和青岛的证据》，载《北京社会科学》2017 年第 5 期。

⑥ C. Argyris and D. A. Schön, *Theory in Practice: Increasing Professional Effectiveness*, Jossey-Bass, 1974.

问题相联系的过程。① Simon 和 Pauchant 对危机学习与常态学习进行了区分,认为危机学习包含的范围较宽泛,涵盖组织对所发生的情况作出反应的适应性学习、根据预期和结果之间的差异修改其行动的单环学习和根据先前经验制订行动方案的双环学习。②

现有研究从认知模式③、行为模式④、结构模式和文化模式⑤等层面对组织学习内容进行了界定。作为各个模式研究都涉及的共性议题,知识管理成为研究微观学习过程的主流视角。因此,本文基于知识管理视角,构建政府组织学习微观过程模型,进而对基层政府内在学习机制问题展开分析。

由危机事件触发,在经历危机学习过程后,危机学习进程最终会产生一系列学习成果。依据由 Elliott 提出的危机学习过程模型,危机学习包含三个阶段,分别为知识获取、知识转移和知识同化。⑥ 危机学习过程中的知识可以被区分为显性知识和隐性知识,危机学习过程也就是隐性知识创造、转移和传播为显性知识的过程。⑦ 危机学习过程的输出结果可以涵盖浅层次的组织行为调整、深层次的组织结构转变和价值转变⑧等不同学习内容。综上所述,本文研究框架如图 1 所示。

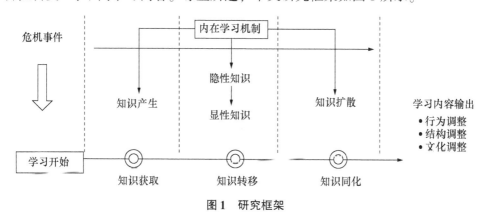

图 1 研究框架

---

① C. Argyris and D. A. Schön, *Organizational Learning: A Theory of Action Perspective*, Addison-Wesley, 1978.
② L. Simon and T. C. Pauchant, Developing the Three Levels of Learning in Crisis Management: A Case Study of the Hagersville Tire Fire, *Review of Business*, Vol. 21, No. 3, 2000, pp. 6-11.
③ C. Argyris and D. A. Schön, *Organizational Learning: A Theory of Action Perspective*, Addison-Wesley, 1978.
④ C. M. Fiol and M. A. Lyles, Organizational Learning, *Academy of Management Review*, Vol. 10, No. 4, 1985, pp. 803-813.
⑤ L. Simon and T. C. Pauchant, Developing the Three Levels of Learning in Crisis Management: A Case Study of the Hagersville Tire Fire, *Review of Business*, Vol. 21, No. 3, 2000, pp. 6-11.
⑥ D. Elliott, The Failure of Organizational Learning from Crisis—A Matter of Life and Death? *Journal of Contingencies and Crisis Management*, Vol. 17, No. 3, 2009, pp. 157-168.
⑦ 陈国权、马萌:《组织学习的过程模型研究》,载《管理科学学报》2000 年第 3 期。
⑧ J. Hovden, E. Albrechtsen, & I. A. Herrera, Is There a Need for New Theories, Models and Approaches to Occupational Accident Prevention? *Safety Science*, Vol. 48, No. 8, 2010, pp. 950-956.

如图 1 所示，本文的研究框架涵盖了政府的危机学习进程开启至学习内容输出的全过程，该过程具体根据学习过程的时间顺序可分为知识获取、知识转移和知识同化三个阶段。其中，知识获取阶段是政府内知识生成的第一阶段，一般在危机事件发生后的较短时间内产生；知识转移阶段是政府内隐性知识向显性知识转移的过程；而知识同化阶段是政府内知识由单一主体扩散至多元主体，并形成学习氛围的过程。政府的内在学习机制深刻影响着每一阶段的知识管理行为。

2. 研究方法

在危机应对过程中，文本记录是政府危机学习进程的物化载体。因此，可以通过对政策文本的梳理挖掘出潜在的学习机制。据此，本文运用内容分析法展开研究，具体步骤如下：

第一，进行原始数据资料的收集工作。在文本选取阶段，内容分析法的程序原则是先从选择分析单元开始[①]，同时文本必须包含研究的相关内容[②]。本研究将通过确定研究对象的选取和文本资料的收集范围，从而反复鉴别筛选出对研究主题更具价值的内容。

第二，进行文本编码。即通过对文本内容进行编码从而分析其潜在的信息特征[③]，编码包括开放式编码、创建类别和确定抽象范畴三个阶段[④]。本研究将采用NVivo 12中的自由节点编码功能对内容文本进行三阶段编码。

第三，进行相关性抽样。相关性抽样是内容分析的重要环节，主要通过衡量各类编码在样本中的利用率，以检验其研究价值大小。[⑤] 编码完毕后统计编码覆盖率，检视已确定的分析维度对文本的解释力。通过统计编码覆盖率，可以检验研究所选取的政策文本是否与构建的编码范畴有较强的一致性，从而在一定程度上审视编码是否具有全面性与准确性。[⑥] 计算编码覆盖率是在已生成的抽象类别上设置一个父节点，以避免重复计算编码覆盖率。

---

① J. Guthrie, R. Petty, K. Yongvanich, et al., Using Content Analysis as A Research Method to Inquire into Intellectual Capital Reporting, *Journal of Intellectual Capital*, Vol. 5, No. 2, 2004, pp. 282–293.

② D. F. Duncan, Content Analysis in Health Education Research: An Introduction to Purposes and Methods, *Health Education*, Vol. 20, No. 7, 1989, pp. 27–31.

③ K. A. Neuendorf, *The Content Analysis Guidebook*, Sage Publications Inc., 2002.

④ B. L. Berg, *Qualitative Research Methods for the Social Sciences*, Pearson, 2004.

⑤ 文宏、郝郁青：《关键绩效指标考核下的地方政府行为选择分析——基于2011—2016年黑龙江煤监的数据资料》，载《北京行政学院学报》2017年第2期。

⑥ 文宏、崔铁：《运动式治理中的层级协同：实现机制与内在逻辑——一项基于内容分析的研究》，载《公共行政评论》2015年第6期。

3. 数据资料收集

除了危机应对，灾后恢复阶段也涉及重要的危机学习问题，本文主要聚焦陕西省西安市新冠肺炎疫情防控一级应急响应和后续恢复展开研究。具体而言，研究涵盖前后两个阶段：（1）2020年1月26日（西安市启动新冠肺炎疫情防控一级应急响应①）至2月28日（西安市解除新冠肺炎疫情防控一级应急响应②）；（2）2020年2月28日至4月10日（西安市全面展开复工复产复学）。内容文本均来自西安市19个区县关于疫情防控工作的官方新闻报道、政府文件、工作总结等。研究以文本中是否涉及区、街道、社区（村）政府，是否涉及疫情防控的具体工作，以及是否涉及上级政府的要求指令为筛选标准，对文本内容予以整合，最终形成原始文本结果，其中文件214份。在编码前，用"A-S"的方式来标记西安市各个区县的文本材料（如A1代表新城区的第一份文本材料），从而更好地识别和记录各编码的归属，具体编码见表1。

表1　文本资料标记表

编号	区县	编号	区县
A	新城区	K	阎良区
B	碑林区	L	蓝田县
C	雁塔区	M	周至县
D	莲湖区	N	高新区
E	灞桥区	O	曲江新区
F	未央区	P	西咸新区
G	临潼区	Q	经开区
H	长安区	R	浐灞生态区
I	高陵区	S	国际港务区
J	鄠邑区		

三、分析结果与讨论

1. 分析结果

首先，对原始资料进行编码后共形成47个开放式编码，具体内容如表2所示。

---

① 《陕西启动突发公共卫生事件Ⅰ级应急响应》，http：//www.chinanews.com/gn/2020/01-25/9069548.shtml，2020年1月25日访问。

② 《关于调整我省新冠肺炎疫情响应级别的公告》，http：//fyfk.snut.edu.cn/info/1004/1287.htm，2020年2月27日访问。

其中，开放式编码的内容主要在原始资料的基础上进行总结形成，基本可以概括原始语句的信息特征，包括描述基层政府在疫情防控期间的具体应对措施和工作调整、对政府工作人员和其他社会主体的工作要求、上级政府的命令传达等内容。

表2 原始资料和开放式编码

原始资料示例	开放式编码
碑林区妇幼保健计划生育服务中心党支部把疫情防控作为党员践行初心、担当使命的战场，6名党员干部第一时间站了出来，重温入党誓词……奔赴抗疫一线战场	A1 强调使命担当
临潼区在各级党组织和广大党员中号召全区广大党员带头讲政治、抓落实、勤值守、扬正气、强排查、正舆情、作示范、不聚会、讲卫生、守法规	A2 明确组织纪律
蓝田县成立县联防联控指挥部临时党委，每天统一调度，压紧压实疫情防控政治责任	A3 落实主体责任
灞桥区疫情防控指挥部发布紧急通知，取消村组、小区"每户每3天可指派1名家庭成员外出采购生活物资，采购时间不得超过2小时"的规定	A4 传达工作要求
根据西安市疫情防控指挥部办公室关于调整相关管控措施的通知要求，碑林区坚持做好人员排查、消杀、"一码通"核验、"一码通"红码人员管控等各项疫情防控工作	A5 调整工作重心
鄠邑区教科局、区融媒体中心紧急集结42名党员干部，由区委组织部副部长、人民路社区第一书记×××同志组织召开疫情防控工作推进会	A6 协调联络机制
发挥社区网格作用，建立"网格连心、组团服务"工作机制，组织党员干部带头分片包干、包组联户等方式，全面参与三类人员排查、村（社区）防疫检查点轮班值守、政策宣讲、环境消杀等工作	A7 网格化系统
泾渭街道长庆龙凤园临时党支部联合高陵区委巡察办、区教育局以及社区党员先锋队、志愿者服务队等力量，在小区停止使用"出入证""通行证明"等，强力推进"一码通"亮码扫码出行	A8 志愿者
在经开区疫情防控需要人员协助开展排查工作时，农业总公司积极派出职工16人，其中党员9人。派出人员严格遵照经开区疫情防控指挥部的工作安排，认真在高铁新城范围内的商超、餐饮住宿类及其他企业开展摸排走访工作，详细排查"3+1"类人员，询问防疫措施及物资储备，掌握第一手资料	A9 国有企业
碑林区非公企业和社会组织党组织积极响应号召，捐款捐物。截至2020年2月5日，已累计捐赠资金100余万元，捐赠口罩、手套、防护服等各类防护物资5000余件，为缓解一线防护用品紧张提供重要助力	A10 非公企业
鄠邑区第一书记组织党员干部通过在线代购、拼团购等方式采买蔬菜、水果等，由村（社区）选派专人送到群众家门口，保障群众日常生活需求。面对防疫物资短缺的情况，采取微信、网站等方式，发布接受社会捐赠公告，积极联系选派单位或者朋友援助口罩和消毒用品等	A11 物资配送
灞桥区交通局党员护卫队多方协调，为城东客运站一线保障1850个口罩、805公斤消毒液、113公斤酒精、33套防护服、110个护目镜、100双一次性手套等一线急需的防疫物资	A12 物资筹集
灞桥区印发《关于充分发挥全区各级基层党组织和广大党员在新型冠状病毒感染肺炎疫情防控中的战斗堡垒作用和先锋模范作用的通知》，号召党员和党组织做好"五个带头"	A13 规定党员引领要求

(续表)

原始资料示例	开放式编码
高陵区全区共设置"党员先锋号"254个、"党员先锋岗"446个、"党员先锋队"328支,全力投入疫情防控阻击战,让党旗在防控疫情斗争第一线高高飘扬	A14 成立护卫队、示范岗
统一制定报到党员工作台账,全过程记录报到党员干部履职尽责情况,做好纪实登记、实时动态管理,切实做到在岗在位,出满勤,干满点	A15 考察党员履职情况
莲湖区共收到25份特殊的"入党申请书",将在疫情防控一线工作中挺身而出、表现特别突出的6名入党积极分子,直接吸收为预备党员,在区疫情防控指挥部集中进行入党宣誓仪式	A16 吸纳入党积极分子
碑林区采取"五个一"措施做好市级部门党员干部到社区报到工作,确保党员干部下得去、待得住、干得好。由社区党组织对市级部门党员干部进行日常考勤,凡是"电话报到""打卡走人"、不认真履职的,一律不予登记;市级部门党员干部需如实填写"机关党员干部到社区报到志愿服务情况纪实卡",疫情防控工作结束后,由社区党组织统一出具评价意见	A17 党员到社区/村报到
何寨街道副主任××强忍丧亲之痛,简单安顿好家人,便投入到紧张的疫情防控一线;斜口街道纪工委副书记××刚结婚没多久便主动请缨参加街办防疫"突击队",24小时值守在疫情重点村	A18 "舍小家为大家"精神
浐灞生态区全区党员干部坚守岗位,连续奋战在一线,以实际行动践行初心和使命。党员××面对紧急任务,冒着被感染的危险,主动请缨"让我去吧";党员××不畏危险、挺身而出,3次转运疑似病人	A19 冲锋在前精神
碑林区西安火车站流调工作头绪繁杂,工作量大,为了减少留观人员滞留时间和情绪波动,流调处置组的队员们冒着严寒,每天6个小时值守期间经常顾不上喝一口水、吃一口饭	A20 超负荷精神
西禹高速高陵出口交通查控检查点党员来自交通、卫健、公安交警、市场监管、农林等多个单位,他们不畏病毒、不惧严寒,24小时不间断坚定地驻守在岗位上,对每辆入高陵境的车辆、人员进行严格查控,"引导停车、车辆及人员盘查、消毒消杀、测温登记……"	A21 吃苦耐劳精神
碑林区98名正处级以上领导干部分别担任98个社区党支部第一书记,带领机关在职党员到社区每日开展防控工作,切实增强一线防控力量。街道社区党组织"坚守一线"	A22 一线指挥
要求市级部门党员干部坚守岗位,如有特殊原因需暂离岗位的,需向社区履行请假手续。截至2020年2月12日,到碑林区报到的415名党员共认领社区防疫岗位460余个	A23 坚守岗位
实行轮班轮岗,对长时间超负荷工作的人员,要强制休息;疫情结束后,对未能休假的人员,由各单位分批安排调休	A24 调休轮岗
出台办法,对疫情防控工作中成效突出的领导班子,年度考核优先确定为优秀等次,并将班子成员年度考核优秀比例提高至30%。对表现优秀的干部,不是后备干部的,及时纳入后备干部库,对已为后备干部的,优先提拔使用,符合职级晋升的,优先晋升职级。疫情期间,共提拔科级干部11人,职级晋升116人	A25 晋升提拔
高陵区出台《关心关爱疫情防控一线干部八条措施》,激励党员干部和医疗工作人员	A26 补助慰问
碑林区研究制定在疫情防控阻击战中发现和表彰先进组织、优秀党员的办法,对两个表现突出的基层党支部和两名优秀的正处级干部进行全区通报表扬	A27 通报表扬

（续表）

原始资料示例	开放式编码
高新区要求市级部门党员干部坚守岗位，如有特殊原因需暂离岗位的，需按程序履行请假手续。指导组对连续三日未在小程序中签到的党员干部进行实地走访，在检查中一旦发现有未到岗的市直机关党员干部，存在疫情防控工作中政治站位不高、责任意识不强、作风不严不实等问题，则立即通报，严明纪律	A28 批评处分
浐灞生态区成立疫情防控督导检查组，印发工作方案，明确督查内容、督查重点，分成4个小组，深入一线开展督导检查，紧盯疫情防控履职不力，铁面问责，严肃工作风纪	A29 检查工作内容
充分发挥考核的指挥棒作用，将疫情防控工作落实情况作为党政领导班子和领导干部考核评价的重要内容，纳入年度考核体系。制定疫情防控期间受党纪政务处分的工作人员考核办法，明确五条具体措施，对疫情防控期间，受党纪政务处分的工作人员考核工作作出明确规定	A30 评价工作表现
为突出解决疫情期间辖区群众"不愁买"、商户"不愁卖"的"双需求"，灞桥区主动对接、及时跟进，按照"人要管住、物要畅通"的原则，积极倡导辖区超市、商店、蔬菜瓜果摊点等群众生活服务商户，采取"出店经营+社区专供+网上送货"的形式，全力保障群众的"菜篮子""果盘子""米袋子"	A31 便民服务
临潼区第一时间关停兵马俑、华清池等重要景点，区指挥部设立3个景区工作专班，劝返车辆316台次、国内外游客855人，对节前游客及区内1600余名导游进行回访，关停酒店、旅行社、民宿等37家	A32 关停商户
灞桥区印发《致全区留观人员的一封信》，由国家二级以上心理咨询师以电话或者微信方式，为留观群众提供心理咨询和情绪疏导服务，切实增强科学防护意识，坚定必胜信心	A33 心理疏导
碑林区太乙路街道中铁一局社区的党员干部从大年三十开始就主动放弃休假，逐户排查与疫情地区有交集的人员，引导社区居民做好自我防护，并对各小区实行封闭式管理，严防疫情扩散蔓延	A34 排查登记
碑林区对垃圾投放点、广场等公共区域实行一日"双杀"情况进行巡查管理，设置废弃口罩专用箱，快递、外卖等送到各小区指定区域，消杀处理后分批通知住户领取	A35 消杀消毒
国际港务区充分发动党员、村（居）民代表，在村组（社区）重要节点、关键位置设置固定检查岗，坚持24小时轮岗制，对出入村（社区）外来车辆、人员进行严格检查，及时做好信息登记及上报工作	A36 出行管控
碑林区社区工作人员通过微信公众号、微信群、宣传公告、小喇叭等方式，提醒居民继续做好防护措施，不聚集、不扎堆，在复工复产的同时思想上不松懈，保持对疫情的警惕性，坚决防止疫情反弹倒灌，守好"防输入"最后一道关口	A37 防治宣传
截至2020年3月11日，灞桥区为45个市级重点、168个区级重点项目沟通协调了134项手续办理的困点、堵点、难点，确保29个市重点、84个区重点一季度全面开复工。邀请农技专家10余批次走进田间地头，培训春节果园养护知识，受益群众2000余人	A38 推进复工复产
国际港务区加大与全国各中心站合作，疏导因公路运力紧张而滞留的中亚、中欧货物使用铁路运至西安，优先搭乘长安号运输，助力疫情期间各类物资供给。2020年1月，长安号国际班列开行200列，为2019年同期的2.4倍，运送货物总重14.6万吨，为2019年同期的1.8倍，班列开行量、重箱率、货运量等核心指标稳居全国第一	A39 放开物流运输

（续表）

原始资料示例	开放式编码
碑林区通过对湖北来（返）人员进行分级管控，进一步完善"一码通"三色码分类管控，全国"健康码"互通互认等措施，在做好社区疫情防控前提下推动人员有序流动，保障居民的生产生活需求，降低疫情对经济发展和群众生活的影响	A40 推广"一码通"
经开区全面推行线上审批、不见面审批，通过"网上办""预约办"等方式，累计完成网办事项450件，现场预约急办事项20余件，处理企业咨询事项2000余件。对29个市级重点项目实行"一对一"服务，实施针对性的指导	A41 开启政务服务
莲湖区严格对照全市统一标准，以环境卫生良好、消杀设施齐全、人员管控得当、员工技能熟练等方面为重点，选择西安喜来登、赛瑞喜来登和桃源假日三家酒店作为境外进入（返回）人员隔离酒店，共提供客房717间，同时对酒店全域进行全面消杀，成立工作专班做好防控保障工作	A42 境外防控
为确保春季开学工作平稳顺利，高陵区印发《关于发挥党支部战斗堡垒作用全力做好疫情防控和春季开学工作的通知》，组织引导教育系统各党支部充分发挥战斗堡垒作用和党员先锋模范作用，全力做好疫情防控和春季开学工作	A43 校园开学
莲湖区在区、街疫情防控指挥部等关键部位建立起临时党组织共142个，做到哪里任务险重，哪里就有党组织的工作	A44 临时党组
未央区党工委第一时间成立疫情防控指挥部并下设"一办十一组"，指挥部成立1个临时党委和12个临时党支部，全区130余名中层干部自2020年1月26日起深入街办、社区、村组、重大项目建设工地一线督导，确保防控工作全覆盖、无死角和防控信息的准确及时	A45 指挥部
碑林区柏树林街道用好"1专8员10指南"专班工作思路。针对"涉鄂"三类人员，提出"1专8员10指南"工作思路，每名留观隔离对象成立一个专班，成员由区、街、社区、公安、卫生、物业、门卫、楼栋长等八类人员组织，具体依照十条工作指南规范开展留观隔离工作，确保留观对象不脱离视线，守护一方平安	A46 工作专班
碑林区坚持"群防群控、党员先行"，建立"1名处级以上包抓领导、1个走访摸排组、1个数据核查组、1个防控处置组、X个网格管理组"对应一个社区的"4+X"社区联防联控机制，建立社区、民警、社区卫生服务中心"三位一体"的走访摸排、数据核查、防控处置小组，重点对"三类重点人员"实施网格化、地毯式摸排，及时进行防控处置	A47 工作小组

其次，在对原始文本进行开放式编码基础上，对所产生编码的内涵进行归纳总结。其中，根据典范（条件）矩阵中的现象、结果、中介条件、行动和互动策略的内容分析常用原则进行提炼，[①] 最终形成了16个类别。以此为基础，深入分析基层政府危机学习的内容、行为主体特征、学习结果和行动方法等议题。然后，通过进一步深化、细化类别内涵，将类别综合为6个抽象范畴，并据此提炼、归纳基层政府危机学习的内容和潜在学习机制，如表3所示。

---

① 吴毅、吴刚、马颂歌：《扎根理论的起源、流派与应用方法述评——基于工作场所学习的案例分析》，载《远程教育杂志》2016年第3期。

表 3　抽象和类别

抽象	类别	开放式编码
危机批示	B1 作为政治任务	A1 强调使命担当；A2 明确组织纪律；A3 落实主体责任
	B2 贯彻上级指示	A4 传达工作要求；A5 调整工作重心
动员机制	B3 组织记忆	A6 协调联络机制；A7 网格化系统
	B4 多方主体	A8 志愿者；A9 国有企业；A10 非公企业
	B5 物资保障	A11 物资配送；A12 物资筹集
组织文化	B6 党员身份	A13 规定党员引领要求；A14 成立护卫队、示范岗；A15 考察党员履职情况；A16 吸纳入党积极分子；A17 党员到社区/村报到
	B7 工作精神	A18 "舍小家为大家"精神；A19 冲锋在前精神；A20 超负荷精神；A21 吃苦耐劳精神
	B8 干部责任	A22 一线指挥；A23 坚守岗位
激励设置	B9 正向激励	A24 调休轮岗；A25 晋升提拔；A26 补助慰问；A27 通报表扬
	B10 负向激励	A28 批评处分
	B11 绩效考核	A29 检查工作内容；A30 评价工作表现
行为调整	B12 前期工作	A31 便民服务；A32 关停商户；A33 心理疏导；A34 排查登记；A35 消杀消毒；A36 出行管控；A37 防治宣传
	B13 中期工作	A38 推进复工复产；A39 放开物流运输；A40 推广"一码通"；A41 开启政务服务
	B14 后期工作	A42 境外防控；A43 校园开学
结构调整	B15 领导组织	A44 临时党组；A45 指挥部
	B16 执行组织	A46 工作专班；A47 工作小组

根据表 3，本研究建构了一个内在学习机制如何作用于政府学习各个阶段的解释模型（见图 2）。在危机事件发生后，学习过程被迅速开启，并在知识获取、知识转移和知识同化三个阶段发挥不同作用，最后输出学习内容。

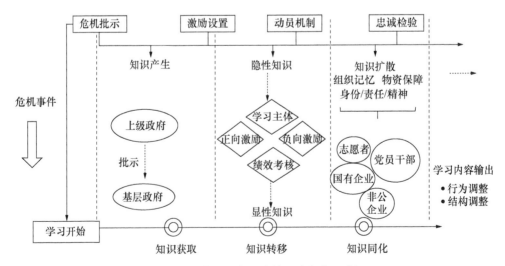

图 2　知识管理视角下的基层政府学习过程

结合具体学习机制的抽象内涵来看，内在机制在基层政府的学习过程中分别扮演了不同角色。具体而言，危机批示通过上级政府行政指令的传达，开启了基层政府危机学习过程，行政指令和政治任务也在这一过程中成为最初生成的知识内容。进入知识转移阶段，激励设置通过对学习主体制定相应规范和进行约束促成了基层政府内部隐性知识向显性知识的转化。在知识同化阶段，组织记忆的调用、多方主体的参与和物资保障共同组成了知识扩散的重要机制。此外，对党员干部的工作精神、责任等要求形成了独特的基层政府工作文化，很大程度上影响了知识扩散的速度。

2. 讨论

基于以上分析结果，可以对基层政府危机学习机制进行深入分析与讨论，具体包含如下内容：

第一，在知识获取过程中，危机批示对基层政府危机学习的方向和重点具有重大影响作用。注意力分配在政府部门应对危机事件中起着至关重要的作用。注意力分配常表现为领导批示的形式，引领着危机事件响应的进程。[①] 近年来，国内学者将这一概念扩展至应急管理领域。相关研究揭示危机批示影响着安全生产事故的危机后学习内容，如官员问责[②]等。危机批示大大节省了基层政府研判形势的时间，提升了基层工作决策的效率。[③]

一方面，危机批示开启了基层政府危机学习的进程。"焦点事件"被广泛认为是政府学习开启的外在原因。[④] 在文本分析中可以发现，中央文件和指示成为基层政府学习开启的重要触发因素。在危机批示传达至基层后，基层政府迅速转变工作内容，进行行为调整以适应疫情防控工作，并进一步成立各级疫情防控指挥部，下设专项工作组。可以看到，危机批示助推基层政府在短时间内达成了组织行为调整至结构变革层次的学习。另一方面，危机批示是基层政府学习内容调整的"风向标"。批示制度成为危机中基层工作形式变化的研判标准。在 2020 年 1 月 28 日至 2 月中旬，通过内容分析可知这一阶段的基层工作重点为防控疫情，且主要配合摸排查控、居家留观、消毒和宣传等工作进行。而在 2 月 27 日中央发布复工复产的相

---

① 陶鹏、李芳：《灾害管理与政治注意力：框架、进路及方法》，载《云南社会科学》2020 年第 2 期。
② 许玉镇、刘滨：《权责结构与领导批示：官员问责的政治逻辑分析——基于 2005 年以来我国安全生产事故官员问责的混合研究》，载《吉林大学社会科学学报》2020 年第 2 期。
③ Y. Dror, Policy Reasoning for Forecasting, *Technological Forecasting and Social Change*, Vol. 36, No. 1-2, 1989, pp. 99-104.
④ T. A. Birkland, Disasters, Lessons Learned, and Fantasy Documents, *Journal of Contingencies and Crisis Management*, Vol. 17, No. 3, 2009, pp. 146-156.

关批示后，基层主要工作向复工复产转变。危机批示也有纠偏危机学习方向的功能。在基层工作将工作重点转向复工复产而对疫情防控有所松懈时，3月4日，习近平总书记在中共中央政治局常务委员会会议上指出，加强疫情防控必须慎终如始，①纠正了危机学习的偏差。这表明研判的正确性带动了基层工作政策调整的适应性和灵活性，上级的指示命令也成为基层危机学习过程中知识获取的渠道与方式。

第二，激励设置对知识转移过程具有较大影响。知识转移能否实际发生，关键在于隐性知识转化为显性知识的过程能否获得足够的动力与激励。② 一方面，激励设置可以避免知识转移过程中的知识漏损③问题，提升转移效率。另一方面，以强制性规范和约束为表现形式的激励设置可以克服知识转移过程中的阻力，保障危机学习成效。在学习进程开启后，区、街道、（村）社区各级政府的职责分工得到有效落实。例如，2020年1月30日，西安市碑林区全区所有社区分别由一名正处级以上领导干部联系包抓，并担任"疫情联防联控指挥长"。

第三，动员机制在基层政府知识同化阶段发挥显著作用。作为一种非常规机制，动员机制具有应变灵活性和响应快速性等特点。在危机事件发生后，动员机制可以通过迅速整合资源稳定社会秩序。④ 在知识同化阶段，动员机制通过建立主体间联结渠道，实现危机协同应对。这一机制可以使相关学习主体接触到新领域、新视角，从而拓宽危机应对思路。⑤ 因此，动员机制可以在知识同化阶段发挥显著作用，⑥ 从而创造性地解决问题。

一方面，动员机制拓宽了基层政府吸纳外部主体的知识渠道，⑦ 从而整合与补充外部资源。危机事件发生后，基层政府迅速吸纳其他社会力量，通过设立临时党支部，调动各个组织内部的党员积极性，帮助基层政府筹集资金和调配物资，做好各自领域内的协调配合工作。另一方面，动员机制可以帮助基层政府迅速调用组织学习记忆，拓展危机应对思路。在西安市基层疫情防控工作中，基层网格化管理成为动员机制的主导方法。通过网格化管理，防疫排查工作可以实现基层管辖区域内

---

① 《增强谨慎之心 防范重大风险》，载《人民日报》2020年3月6日第1版。
② 王开明、万君康：《论知识的转移与扩散》，载《外国经济与管理》2000年第10期；钟开斌：《从灾难中学习：教训比经验更宝贵》，载《行政管理改革》2013年第6期；周黎安：《晋升博弈中政府官员的激励与合作——兼论我国地方保护主义和重复建设问题长期存在的原因》，载《经济研究》2004年第6期。
③ I. Nonaka and H. Takeuchi, *The Knowledge-Creating Company*, Oxford University Press, 1995.
④ 郝晓宁、薄涛：《突发事件应急社会动员机制研究》，载《中国行政管理》2010年第7期。
⑤ J. Zhou, S. J. Shin, D. J. Brass, et al., Social Networks, Personal Values, and Creativity: Evidence for Curvilinear and Interaction Effects, *Journal of Applied Psychology*, Vol. 94, No. 6, 2009, pp. 1544-1552.
⑥ 张海波、童星：《中国应急管理结构变化及其理论概化》，载《中国社会科学》2015年第3期。
⑦ 汤超颖、叶琳娜、王菲、周寄中：《知识获取与知识消化对创新绩效的影响研究》，载《科学学研究》2015年第4期。

的"社区—院落—楼栋—单元—住户"全覆盖排查,构筑疫情防控"区、街道、村(社区)、网格"的四级防护网,有效实现基层危机防控的目标。①

第四,在危机学习中,组织文化是影响基层政府知识同化进程的另一重要因素。② 不同于动员机制,组织文化通过影响学习主体的学习能力和意愿,③ 进而改变知识同化过程中的内容扩散速度。事实上,开放的组织文化可以营造良好的组织成员学习氛围,促使组织学习主体的知识扩散加快。④ 相反,对责任要求过于严苛的组织文化则会减缓这一进程。⑤

研究发现,实践中的组织文化主要通过两种形式影响政府学习主体:一是强化党员模范身份,即通过凸显党员身份增强学习主体的集体荣誉感,如组建党员先锋队、设立党员示范岗等;二是宣扬工作精神,即以特定的理想信念为导向,在基层组织中形成乐于学习的文化氛围,从而加速知识扩散的速度。在疫情防控工作中,区、街道、社区各级组织成立临时党支部、组建党员先锋队、设立党员示范岗和宣传优秀党员事迹等做法,有利于调动政府工作人员自身的学习意愿,使学习主体乐于接受工作中的新信息与新内容。

四、研究小结

本文基于知识管理视角,运用内容分析法对基层政府的危机学习机制进行研究。研究发现,基层政府危机学习内容包括行为调整和结构调整,而危机批示、激励设置、动员机制和组织文化分别影响着基层政府学习过程的不同阶段,并有效推动危机学习进程。然而,由于缺乏对基层政府危机学习效果的综合评价,本文仅通过文本挖掘还难以对危机学习效果进行深入分析。设计、开发危机效果综合评估模型,是需要进一步研究的重要方向。

---

① 林雪霏:《政府间组织学习与政策再生产:政策扩散的微观机制——以"城市网格化管理"政策为例》,载《公共管理学报》2015年第1期;L. Drupsteen and F. W. Guldenmund, What Is Learning? A Review of the Safety Literature to Define Learning from Incidents, Accidents and Disasters, *Journal of Contingencies and Crisis Management*, Vol. 22, No. 2, 2014, pp. 81-96。

② J. Hovden, F. Størseth, & R. K. Tinmannsvik, Multilevel Learning from Accidents—Case Studies in Transport, *Safety Science*, Vol. 49, No. 1, 2011, pp. 98-105。

③ 常荔、邹珊刚、李顺才:《基于知识链的知识扩散的影响因素研究》,载《科研管理》2001年第5期。

④ A. Edmondson, Learning from Mistakes Is Easier Said Than Done: Group and Organizational Influences on the Detection and Correction of Human Error, *The Journal of Applied Behavioral Science*, Vol. 32, No. 1, 1996, pp. 5-28。

⑤ D. Vaughan, System Effects: On Slippery Slopes, Repeating Negative Patterns, and Learning from Mistakes, in W. H. Starbuck and M. Farjoun (eds.), *Organization at the Limit: Lessons from the Columbia Disaster*, Blackwell, 2005, pp. 41-59。

公共卫生安全与治理

我国突发公共卫生事件应急能力评价及空间差异分析

王绪鑫*

摘 要：本文结合新冠肺炎疫情现状与防控措施，采用组合赋权等方法，对我国各省份突发公共卫生事件应急能力进行评价，并展开空间差异分析，以为全面打赢疫情阻击战而建言献策。研究结果发现：(1) 北京突发公共卫生事件应急能力较强，上海、江苏、浙江、广东4省市突发公共卫生事件应急能力一般，其余省份突发公共卫生事件应急能力均较弱；(2) 部分地区突发公共卫生事件应急能力较为完善，但能力较弱的地区要远远多于能力完善的地区，所以我国突发公共卫生事件应急能力整体水平也较弱；(3) 在空间分布上，京津与东部沿海等经济发达地区突发公共卫生事件应急能力整体水平明显优于东北、中部与西部等经济欠发达地区，说明经济发展水平是影响我国突发公共卫生事件应急能力的重要因素；(4) 促进区域协调发展是全面提升我国突发公共卫生事件应急能力的良方。

关键词：突发公共卫生事件；应急能力；空间差异；新冠肺炎疫情

一、引言

近年来，我国突发公共卫生事件频繁发生，① 如2002—2003年SARS事件，2008年手足口病疫情，2013年人感染H7N9、H10N8禽流感疫情，2018年人感染

---

* 王绪鑫，黑龙江大学政府管理学院行政管理专业硕士研究生，主要研究领域：行政管理理论与实践。
① 庞雪雅：《利益表达与体制性迟钝：学校突发公共卫生事件演化研究》，华东政法大学2019年硕士学位论文，第1页。

H7N4禽流感疫情，2019年非洲猪瘟疫情等，对我国人民生命财产安全与经济发展造成了不可挽回的损失。2019年12月，我国暴发新冠肺炎疫情，肆虐全国，各省纷纷启动重大突发公共卫生事件一级响应，对我国突发公共卫生事件应急能力提出了严峻挑战。

突发公共卫生事件是突发公共事件中的一种，[1]是指突然发生的、对公众健康已造成或可能造成严重损害的传染病疫情、群体性不明原因疾病、重大食物中毒及其他严重影响公众健康的事件，[2]具有突发性、群体性以及严重危害性等特点。[3]突发公共卫生事件应急能力则是指各省在应急准备、预警监测、应急处置等方面有效应对突发公共卫生事件的综合能力的体现。[4]自SARS事件以来，该项能力便引起国内诸多学者的广泛关注。例如，胡国清通过回顾文献，阐明了国内外突发公共卫生事件的研究现状，论证了在我国开展突发公共卫生事件应对能力研究的必要性；[5]张议丹等通过文献研究，系统总结了国内外突发公共卫生事件应急能力测评方法及其应用，为完善我国突发公共卫生事件应急能力建设和能力测评提供了借鉴；[6]王文娟运用德尔菲法等方法，建立起共包含4项一级指标、15项二级指标和54项三级指标的突发公共卫生事件应急能力评价指标体系；[7]申锦玉等则运用专家咨询等方法，专门针对疾病预防控制机构的突发公共卫生事件应急能力建立了常规量化考核指标体系。[8]除论证必要性、总结测评方法与构建评价指标体系外，国内学者也纷纷将理论转化为实践。例如，薄涛便运用层次分析法等方法，对疾病预防

---

[1] 薛澜、钟开斌：《突发公共事件分类、分级与分期：应急体制的管理基础》，载《中国行政管理》2005年第2期。

[2] 刘保华、吴群红、胥娇等：《哈尔滨市基层疾控机构卫生应急能力现状分析》，载《中国公共卫生》2013年第5期。

[3] 王玲：《突发公共卫生事件危机管理体系构建与评测研究》，天津大学2004年博士学位论文，第2页。

[4] 张宁旭、廖一兰、刘小驰等：《"山东疫苗事件"应急反应能力时空分析》，载《地球信息科学学报》2017年第3期。

[5] 胡国清：《我国突发公共卫生事件应对能力评价体系研究》，中南大学2006年博士学位论文，第5—10页。

[6] 张议丹、郝艳华、吴群红：《国内外突发公共卫生事件应急能力测评方法及应用现状研究》，载《中国卫生事业管理》2009年第4期。

[7] 王文娟：《突发公共卫生事件政府应急能力指标体系研究》，大连理工大学2006年硕士学位论文，第13—28页。

[8] 申锦玉、牛建军、陈敏等：《疾控机构突发公共卫生事件应急能力评价指标探讨》，载《现代预防医学》2011年第1期。

控制机构的突发公共卫生事件应急能力展开了评价研究;① 陈虹运用问卷调查法,对军队数字化医院突发公共卫生事件应对能力进行了评价;② 李贞运用专家咨询法等方法,对广西边境少数民族地区基层医疗机构的突发公共卫生事件应对能力展开了评价分析;③ 张义则对政府的突发公共卫生事件应急管理与能力进行了研究。④

综上,我国关于突发公共卫生事件应急能力评价的学术成果颇丰,评价方法也较为成熟,但在构建评价指标体系时多以定性为主,常采用层次分析法、专家咨询法等方法,⑤ 没有避开主观性对评价结果的影响。⑥ 故本文在参考上述成果的基础上,结合当前新冠肺炎疫情现状与防控措施,采用熵权法、主成分分析法与极差标准化等方法进行数据处理,对我国各省突发公共卫生事件应急能力展开评价,以尽量确保评价结果的客观性,为提升我国突发公共卫生事件应急能力、全面打赢疫情防控阻击战建言献策。

二、研究方法

(一) 构建评价指标体系

自 2002—2003 年发生 SARS 事件以来,我国公共卫生应急管理体系得到极大完善,并取得一定成绩,⑦ 但对于突发公共卫生事件应急能力进行评价研究的时间依然较短,暂未形成统一公认的评价指标体系。⑧ 故本文在指标代表性、科学性及数

---

① 薄涛:《疾病预防控制机构突发公共卫生事件应急能力理论与评价研究》,山东大学 2009 年博士学位论文。
② 陈虹:《军队数字化医院突发公共卫生事件应对能力现状评价研究》,第三军医大学 2011 年博士学位论文。
③ 李贞:《广西边境少数民族地区基层医疗机构突发公共卫生事件应对能力评价研究》,广西医科大学 2017 年博士学位论文。
④ 张义:《突发公共卫生事件中政府应急管理研究》,吉林大学 2011 年博士学位论文。
⑤ 李晓莲、刘思涵:《基于层次分析法的社区医疗卫生机构应急能力评价》,载《湖南社会科学》2018 年第 2 期。
⑥ 李柯、谭柱森:《基于 CV 值的城市应急管理能力差异性分析》,载《武汉理工大学学报(信息与管理工程版)》2018 年第 2 期。
⑦ 代吉亚、宋铁、柳青等:《广东省市、县级疾控中心突发公共卫生事件应急能力现况分析》,载《华南预防医学》2008 年第 6 期。
⑧ 王晓东、吴群红、郝艳华等:《突发公共卫生事件应急能力评价指标体系构建研究》,载《中国卫生经济》2013 年第 6 期。

据可得性等评价指标选取原则的指导下，参照《中华人民共和国突发事件应对法》与《突发公共卫生事件应急条例》中"预防与准备—监测与预警—处置与救援—恢复与重建"的全过程理念，[①] 基于应急管理理论，参考相关学术成果，翻阅有关新闻报道，结合我国新冠肺炎疫情现状，围绕事前准备、事发预警、事中处置、事后恢复四方面能力，构建包括39项评价指标在内的突发公共卫生事件应急能力评价指标体系（见表1）。

表1 突发公共卫生事件应急能力评价指标体系

目标	准则	指标	指标备注（单位）	属性
突发公共卫生事件应急能力	事前准备能力	地方公共财政投入公共安全比重	地方公共安全支出/地方一般公共预算支出（%）	正向
		地方公共财政投入教育比重	地方教育支出/地方一般公共预算支出（%）	正向
		地方公共财政投入医疗卫生与计划生育比重	地方医疗卫生与计划生育支出/地方一般公共预算支出（%）	正向
		地方公共财政投入交通运输比重	地方交通运输支出/地方一般公共预算支出（%）	正向
		地方公共财政投入粮油物资储备比重	地方粮油物资储备支出/地方一般公共预算支出（%）	正向
		健康检查人口比重	健康检查人数/年末人口数（%）	正向
		高中及以上人口比重	抽样调查属高中及以上人口数/抽样调查人口数（%）	正向
		公共图书馆流通人口比重	公共图书馆总流通人次/年末人口数（%）	正向
	事发预警能力	电话普及率	来源于年鉴（部/百人）	正向
		移动互联网普及率	移动互联网用户/年末人口数	正向
		广播节目综合人口覆盖率	来源于年鉴（%）	正向
		电视节目综合人口覆盖率	来源于年鉴（%）	正向
		有线广播电视实际用户数占家庭总户数比重	来源于年鉴（%）	正向
	事中处置能力	每千人口医疗卫生机构	医疗卫生机构/年末人口数（个）	正向
		每千人口卫生技术人员	来源于年鉴（人）	正向
		每千人口执业（助理）医师	来源于年鉴（人）	正向
		每千人口注册护士	来源于年鉴（人）	正向
		每千人口医疗卫生机构床位	来源于年鉴（人）	正向
		每千人口民政机构提供住宿床位	提供住宿的民政机构床位数/年末人口数（张）	正向
		每千人口门诊与住院医疗救助资金	门诊与住院医疗救助资金数/年末人口数（元）	正向
		每千人口基金会	基金会/年末人口数（个）	正向

---

① 贺山峰、高秀华、杜丽萍等：《河南省城市灾害应急能力评价研究》，载《资源开发与市场》2016年第8期。

(续表)

目标	准则	指标	指标备注（单位）	属性
突发公共卫生事件应急能力	事中处置能力	设卫生室行政村比重	来源于年鉴（%）	正向
		人均粮食自给量	来源于年鉴（公斤）	正向
		人均猪牛羊肉自给量	来源于年鉴（公斤）	正向
		人均油料自给量	来源于年鉴（公斤）	正向
		人均日供水综合生产能力	年末供水综合生产能力/年末人口数（立方米）	正向
		城市供水普及率	来源于年鉴（%）	正向
		城市燃气普及率	来源于年鉴（%）	正向
	事后恢复能力	人均地方公共财政收入	地方一般公共预算收入/年末人口数（元）	正向
		人均GDP	来源于年鉴（元）	正向
		居民人均可支配收入	来源于年鉴（元）	正向
		地方公共财政投入社会保障与就业比重	地方社会保障与就业支出/地方一般公共预算支出（%）	正向
		劳动人口比重	抽样调查年龄属15—64岁人口数/抽样调查人口数（%）	正向
		城市人口密度	来源于年鉴（人/平方公里）	正向
		养老保险参保人数比重	（城镇职工基本养老保险参保人数＋城乡居民基本养老保险参保人数）/年末人口数（%）	正向
		失业保险参保人数比重	失业保险参保人数/年末人口数（%）	正向
		医疗保险参保人数比重	医疗保险参保人数/年末人口数（%）	正向
		工伤保险参保人数比重	工伤保险参保人数/年末人口数（%）	正向
		生育保险参保人数比重	生育保险参保人数/年末人口数（%）	正向

1. 事前准备能力评价指标

事前准备能力是指为有效预防与应对突发公共卫生事件的发生，而事先进行人员、物资、财政、医疗等方面的准备能力。本文选取地方公共财政投入公共安全、教育、医疗卫生与计划生育比重以及健康检查人口、高中及以上人口比重等作为该项能力的评价指标，一方面能反映我国各省对公共安全、教育、医疗卫生、交通运输以及粮油物资储备等方面的重视程度，以此可判断其建设水平能否有效预防与应对突发公共卫生事件；另一方面能反映我国各省人口整体素质，以此可分析各省公众能否有效预防、冷静面对突发公共卫生事件。

2. 事发预警能力评价指标

事发预警能力是指当突发公共卫生事件即将暴发或可能暴发时，通过各种途径对其进行监测与预警的能力，主要包括政府及其有关部门、专业机构对突发公共卫生事件信息的收集，与向社会公众发布突发公共卫生事件的有关信息等内容。本文选取电话、移动互联网普及率以及广播、电视节目综合人口覆盖率等作为该项能力的评价指标，能反映我国各省网络通信发展水平与警示宣传覆盖范围，以此可分析我国各省有关部门、机构对突发公共卫生事件信息的监测能力，以及对各省公众及时发布有关信息的预警能力。

3. 事中处置能力评价指标

事中处置能力是指当突发公共卫生事件发生时，紧急组织有关部门、调集救援队伍、社会力量与相关物资和设备等，以挽救公众生命、保障群众正常生活的能力。本文选取每千人口医疗卫生机构、卫生技术人员以及人均粮食自给量、城市供水与燃气普及率等作为该项能力的评价指标，一方面能反映我国各省医疗力量的强弱，以此可判断各省在应对突发公共卫生事件时能够达到的紧急救助与医疗服务的效果；另一方面能反映我国各省粮油供应量与基础设施普及率，以此可分析各省在应对突发公共卫生事件时能否保障群众的日常生活。

4. 事后恢复能力评价指标

事后恢复能力是指当突发公共卫生事件的威胁与危害得到控制或解除后，政府及社会各界投入人力、物力、财力将生产、生活、工作以及社会秩序等恢复到正常状态的能力。本文选取劳动人口比重、地方公共财政投入社会保障与就业比重以及各类保险参保人数比重等作为该项能力的评价指标，一方面能反映我国各省劳动力与经济发展水平，以此可判断各省恢复与重建工作的效率与效果；另一方面能反映我国各省人口的保险意识，以此可分析各省群众所受到的风险保障水平。

（二）数据来源

本文原始数据主要来源于《中国统计年鉴（2019）》《2018年国民经济和社会发展统计公报》，各省2019年的统计年鉴与2018年的国民经济和社会发展统计公报，以及国家统计局、各省统计局官方网站等。由于数据来源限制，本文研究区域不包括我国港澳台地区。

（三）数据处理

1. 极差标准化

由于各项评价指标度量单位有所不同，为能够进行统一分析，本文采用极差标准化的方法对各项评价指标进行无量纲化处理，经极差变换后的各项评价指标无量纲化值应处于 0 至 1 之间。具体公式如下：

$$R_{ij} = \frac{X_{ij} - X_{ij\min}}{X_{ij\max} - X_{ij\min}} \quad （式1）$$

本文所有评价指标属性均为正向，故仅采用式 1 即可。式 1 中，X_{ij} 为各项评价指标初始值，$X_{ij\max}$ 为各项评价指标初始最大值，$X_{ij\min}$ 为各项评价指标初始最小值，R_{ij} 即为各项评价指标无量纲化值。

2. 熵权法

熵权法是客观赋权的常用方法之一，其基本原理是根据各项评价指标的变异性来确定该项评价指标的权重，具体是指一项评价指标的信息熵越小，其变异性越大，所携带的信息量就越多，在评价指标体系中起到的作用也就越大，权重即越大。具体公式如下：

$$P_{ij} = \frac{R_{ij}}{\sum_{j=1}^{m} R_{ij}} \quad （式2）$$

$$e_j = -\frac{1}{\ln m} \sum_{j=1}^{m} P_{ij} \ln P_{ij} \quad （式3）$$

$$W_{ij} = \frac{1 - e_j}{\sum_{j=1}^{n} 1 - e_j} \quad （式4）$$

式 2 中，P_{ij} 为各项评价指标无量纲化值比重；式 3 中，m 为待评价对象个数，e_j 为各项评价指标信息熵；式 4 中，n 为评价指标个数，W_{ij} 即为各项评价指标权重。权重计算结果见表 2。

3. 主成分分析法

主成分分析法是运用降维的思想，利用原始变量线性组合，形成若干个包含主要信息的综合指标的方法，该方法既不会损失过多信息量，又容易抓住主要矛盾，可以揭示原始变量之间的内在关系。本文借助 SPSS 统计分析软件运行主成分分析法，权重计算结果见表 2。

4. 组合赋权法

为避免层次分析法、专家咨询法等方法所带有的主观性局限，且以免单一赋权方法过于片面而出现权重偏差过大的情况，本文基于上述熵权法与主成分分析法所得权重，进行组合赋权，将两种方法所得权重的平均值作为各项评价指标的最终权重。权重计算结果见表 2。

表 2 突发公共卫生事件应急能力评价指标权重

目标	准则	熵权法权重	主成分权重	组合权重	指标	熵权法权重	主成分权重	组合权重
突发公共卫生事件应急能力	事前准备能力	0.179	0.177	0.178	地方公共财政投入公共安全比重	0.140	0.132	0.136
					地方公共财政投入教育比重	0.107	0.091	0.099
					地方公共财政投入医疗卫生与计划生育比重	0.096	0.073	0.084
					地方公共财政投入交通运输比重	0.147	0.074	0.110
					地方公共财政投入粮油物资储备比重	0.161	0.146	0.153
					健康检查人口比重	0.117	0.132	0.125
					高中及以上人口比重	0.078	0.186	0.132
					公共图书馆流通人口比重	0.153	0.167	0.160
	事发预警能力	0.098	0.149	0.124	电话普及率	0.305	0.204	0.254
					移动互联网普及率	0.327	0.198	0.262
					广播节目综合人口覆盖率	0.046	0.203	0.124
					电视节目综合人口覆盖率	0.056	0.202	0.129
					有线广播电视实际用户数占家庭总户数比重	0.266	0.193	0.229
	事中处置能力	0.359	0.368	0.364	每千人口医疗卫生机构	0.047	0.033	0.040
					每千人口卫生技术人员	0.062	0.084	0.073
					每千人口执业（助理）医师	0.052	0.087	0.069
					每千人口注册护士	0.026	0.084	0.055
					每千人口医疗卫生机构床位	0.041	0.067	0.054
					每千人口民政机构提供住宿床位	0.048	0.091	0.070
					每千人口门诊与住院医疗救助资金	0.075	0.045	0.060
					每千人口基金会	0.206	0.079	0.143
					设卫生室行政村比重	0.016	0.032	0.024
					人均粮食自给量	0.092	0.067	0.079
					人均猪牛羊肉自给量	0.044	0.038	0.041
					人均油料自给量	0.099	0.052	0.075
					人均日供水综合生产能力	0.167	0.083	0.125
					城市供水普及率	0.012	0.079	0.045
					城市燃气普及率	0.012	0.079	0.046
	事后恢复能力	0.364	0.306	0.335	人均地方公共财政收入	0.165	0.100	0.132
					人均GDP	0.086	0.104	0.095
					居民人均可支配收入	0.115	0.107	0.111
					地方公共财政投入社会保障与就业比重	0.029	0.086	0.057
					劳动人口比重	0.057	0.096	0.077
					城市人口密度	0.057	0.067	0.062
					养老保险参保人数比重	0.051	0.086	0.069
					失业保险参保人数比重	0.143	0.103	0.123
					医疗保险参保人数比重	0.026	0.043	0.035
					工伤保险参保人数比重	0.142	0.105	0.123
					生育保险参保人数比重	0.131	0.103	0.117

5. 加权求和法

基于上述各项评价指标无量纲化值与权重，本文采用加权求和法计算各项能力值。具体公式如下：

准则层各项能力值：

$$Y_i = \sum_{j=1}^{n} W_{ij} \times R_{ij} \quad （式5）$$

突发公共卫生事件应急能力值：

$$Y = \sum_{i=1}^{4} \left(\sum_{j=1}^{n} W_{ij} \times R_{ij} \right) \times W_i \quad （式6）$$

式5中，Y_i 即为准则层各项能力值；式6中，W_i 为准则层各项能力权重，Y 即为突发公共卫生事件应急能力值。具体计算结果见表3。

表3 突发公共卫生事件应急能力评价结果

	事前准备能力	事发预警能力	事中处置能力	事后恢复能力	突发公共卫生事件应急能力
北京	0.423	1.000	0.663	0.857	0.727
天津	0.333	0.551	0.258	0.463	0.376
河北	0.264	0.325	0.284	0.171	0.247
山西	0.283	0.304	0.270	0.233	0.264
内蒙古	0.235	0.366	0.498	0.237	0.348
辽宁	0.247	0.394	0.372	0.315	0.333
吉林	0.312	0.375	0.403	0.212	0.319
黑龙江	0.274	0.286	0.372	0.238	0.299
上海	0.325	0.785	0.417	0.729	0.550
江苏	0.395	0.551	0.409	0.384	0.416
浙江	0.525	0.714	0.398	0.462	0.481
安徽	0.273	0.284	0.286	0.169	0.244
福建	0.413	0.478	0.259	0.324	0.335
江西	0.335	0.255	0.280	0.188	0.256
山东	0.349	0.359	0.341	0.221	0.305
河南	0.328	0.263	0.333	0.198	0.278
湖北	0.304	0.340	0.399	0.217	0.314
湖南	0.281	0.307	0.340	0.179	0.271
广东	0.480	0.706	0.272	0.450	0.422
广西	0.350	0.276	0.239	0.099	0.217
海南	0.288	0.531	0.268	0.244	0.296
重庆	0.283	0.453	0.362	0.258	0.324
四川	0.309	0.324	0.368	0.194	0.294

(续表)

	事前准备能力	事发预警能力	事中处置能力	事后恢复能力	突发公共卫生事件应急能力
贵州	0.297	0.190	0.306	0.129	0.231
云南	0.288	0.253	0.244	0.137	0.217
西藏	0.262	0.184	0.278	0.114	0.208
陕西	0.287	0.463	0.341	0.266	0.321
甘肃	0.294	0.256	0.289	0.132	0.233
青海	0.250	0.403	0.402	0.173	0.298
宁夏	0.269	0.473	0.387	0.169	0.303
新疆	0.397	0.278	0.369	0.178	0.299
全国均值	0.321	0.411	0.345	0.269	0.324
最大值	0.525	1.000	0.663	0.857	0.727
最小值	0.235	0.184	0.239	0.099	0.208

为更加直观，便于表述，本文借鉴有关成果，[①] 按照评价值 0—0.2 为弱、0.2—0.4 为较弱、0.4—0.6 为一般、0.6—0.8 为较强、0.8—1 为强，对上述各项能力进行分级。

三、结果与分析

（一）准则层各项能力评价结果与分析

1. 事前准备能力

根据表 3 可知，北京、浙江、福建、广东这 4 个省市的事前准备能力等级为一般，其余各省的事前准备能力等级均为较弱，故我国突发公共卫生事件事前准备能力平均水平为较弱等级，其中，浙江最强，内蒙古最弱。在空间分布上，北京与东部沿海地区明显高于内地。

浙江健康检查人口、公共图书馆流通人口比重分别为 53.05%、206.99%，北京高中及以上人口比重为 64.77%，均高于其他省份，而福建、广东各项评价指标虽不是最高，但均靠前，说明这 4 个省份更加重视公共安全、教育等事业的建设，人口整体素质与公共卫生意识相对更高，能够较为有效地预防与应对突发公共卫生事件的发生，故事前准备能力等级为一般。其余省份，如西藏地方公共财政投入医

---

① 宋英华：《基于熵权模糊法的公众应急能力评价研究》，载《科研管理》2014 年第 12 期。

疗卫生与计划生育、粮油物资储备比重仅分别为 5.43%、0.13%，黑龙江健康检查人口比重仅 15.86%，均为各省中最低，或各项评价指标较为靠后，说明其余省份可能存在医疗卫生建设与粮油物资储备等方面不够理想、人口整体素质与公共卫生意识有待加强等情况，故事前准备能力等级均为较弱。

2. 事发预警能力

根据表 3 可知，北京的事发预警能力等级为强，上海、浙江、广东 3 个省市的事发预警能力等级为较强，天津、江苏、福建、海南、重庆、陕西、青海、宁夏 8 个省区市的事发预警能力等级为一般，贵州、西藏 2 个省区的事发预警能力等级为弱，其余省份的事发预警能力等级均为较弱，故我国突发公共卫生事件事发预警能力平均水平刚好达到一般等级，其中，北京最强，西藏最弱。在空间分布上，东部沿海地区与京津地区事发预警能力整体水平明显高于内地。

北京电话、移动互联网普及率分别为 212.92%、152.79%，广播、电视节目综合人口覆盖率均为 100%，有线广播电视实际用户数占家庭总户数比重为 109.48%，均为所有省份中最高，可见北京网络通信发展水平极高，几乎能够对整座城市进行无死角的宣传与警示，及时捕捉到有关突发公共卫生事件的信息，故其事发预警能力等级为强。上海广播、电视节目综合人口覆盖率也均为 100%，浙江、广东趋近于 100%，但其余各项评价指标略逊于北京，说明这 3 个省份在面临突发公共卫生事件时，利用广播与电视也可充分起到警示与宣传作用，但网络通信覆盖率等方面仍可以北京为目标进行学习与完善，故其事发预警能力等级为较强。天津、江苏 2 个省市的广播、电视节目综合人口覆盖率也均为 100%，且二者其余各项评价指标与福建、海南、重庆、陕西、青海、宁夏 6 个省区的各项评价指标虽均不突出，但也仅逊于前述 4 个省市，说明相较而言这 8 个省区市在预警方面仍有不足之处，但与其余省份相比，也达到了一定水平，故事发预警能力等级为一般。其余省份，如江西移动互联网普及率仅为 71.88%，贵州广播、电视节目综合人口覆盖率仅分别为 93.92%、96.76%，各项评价指标均低于其他省份或较为落后，说明其余省份可能存在宣告警告不到位、网络通信覆盖率有待加强等情况，故事发预警能力等级均为弱或较弱。

3. 事中处置能力

根据表 3 可知，北京事中处置能力等级为较强，内蒙古、吉林、上海、江苏、青海 5 个省区市的事中处置能力等级为一般，其余省份的事中处置能力等级均为较弱，故我国突发公共卫生事件事中处置能力平均水平为较弱等级，其中，北京最强，广西最弱，在空间分布上略显分散。

北京每千人口卫生技术人员、执业（助理）医师、注册护士以及基金会分别为 11.88 人、4.63 人、4.98 人、0.03 个，人均日供水综合生产能力为 1.49 立方米，城市供水、燃气普及率均为 100%，均高于其他省份，可见如若发生突发公共卫生事件，北京拥有足够的医疗队伍进行救援，能够有效地保障群众日常生活的正常运转，但粮油肉等生活必需品自给能力稍差，故其事中处置能力等级为较强。内蒙古、吉林、江苏、青海 4 个省区设卫生室行政村的比重均为 100%，上海市基础设施完善，城市供水、燃气普及率均达到 100%，其中，内蒙古人均猪牛羊肉与油料自给量分别为 94.6 公斤、79.60 公斤，均为所有省份中最高，但其他各项评价指标略逊于北京，说明这 5 个省区市在应对突发公共卫生事件时，可以有效保障乡村基本医疗，具有充足的食物供给，基础设施也较为完备，但在医疗力量方面仍有上升空间，故其事中处置能力等级为一般。但本文为避免因不同省份面积等因素相差过于悬殊而带来的"非期望"影响，大部分指标均进行了"人均化"处理，而内蒙古、青海等地面积辽阔，人烟稀少，虽评价结果较好，但二者实际事中处置能力仍有待观察。同理，东部沿海地区人口密度过于集中，人均医疗资源紧张，所以评价结果不尽如人意，但其经济发展与医疗水平更为发达，其实际事中处置能力或许要优于评价结果。其余省份，如安徽每千人口卫生技术人员仅 5.27 人，西藏城市供水、燃气普及率仅分别为 85.90%、55.05%，均低于其他省份，或各项评价指标均较为落后，说明其余省份在处置突发公共卫生事件时可能存在医疗力量不足、基础设施不完善、"粮袋子"与"菜篮子"空虚等情况，故事中处置能力等级均为较弱。

4. 事后恢复能力

根据表 3 可知，北京的事后恢复能力等级为强，上海的事后恢复能力等级为较强，天津、浙江、广东 3 个省市的事后恢复能力等级为一般，其余省区市的事后恢复能力等级均为弱或较弱，其中，北京最强，广西最弱。在空间分布上，大致分为三个层级，东部地区为第一层，东北与中部地区为第二层，西部地区为第三层，整体的事后恢复能力逐层递减。可以发现，经济发展水平是影响该项能力的直接因素，经济发达地区明显优于经济欠发达地区。所以，我国现阶段要展开事后恢复工作，经济应该是首当其冲的，首先是财力，其次再辅之以人力和物力。

2018 年，北京人均 GDP 为 140211 元，养老保险、失业保险、工伤保险、生育保险参保人数比重分别为 87.97%、57.60%、55.11%、51.25%，均为所有省份中最高，说明北京经济发展水平较高，群众保险意识强，有利于事后重建工作，故其事后恢复能力等级为强。2018 年，上海人均地方公共财政收入为 29324.05 元，居民人均可支配收入为 64182.6 元，均高于其他省份，但其余各项评价指标略逊于北京，说明上海地方政府资金充足，百姓富庶，有利于展开事后恢复工作，但群众保险意识等方面需要向北京学习与完善，故其事后恢复能力等级为较强。[①] 2018 年，天津劳动人口比重为 78.81%，是所有省份中最高，且其余各项评价指标与浙江、广东二省各项评价指标虽不突出，但均较为靠前，仅次于北京与上海，说明这三个省市的劳动人口较多，拥有足够的人力来恢复生产，但与北京、上海相比，仍有不足之处，故其事后恢复能力等级为一般。其余省份，如甘肃的人均地方公共财政收入仅 3303.19 元、人均 GDP 仅 31336 元、工伤保险参保人数比重仅 8.32 元，西藏居民人均可支配收入仅 17286.1 元、地方公共财政投入社会保障与就业比重仅 5.48%、失业保险参保人数比重仅 5.15%，均为所有省份中最低或较低，说明其余省份可能会出现没有充足的人力、物力、财力进行事后恢复工作的情况，故事后恢复能力等级均为弱或较弱。[②]

（二）突发公共卫生事件应急能力评价结果与分析

根据表 3 可知，北京的突发公共卫生事件应急能力等级为较强，上海、江苏、浙江、广东 4 个省市的突发公共卫生事件应急能力等级为一般，其余省份的突发公共卫生事件应急能力等级均为较弱，故我国突发公共卫生事件应急能力平均水平为较弱，其中，北京最强，西藏最弱。在空间分布上，北京与东部沿海部分地区的突发公共卫生事件应急能力明显高于内地。

北京事发预警、事后恢复能力强，事中处置能力较强，仅事前准备能力一般，各方面能力均超过全国平均水平，等级均在一般及以上，故其突发公共卫生事件应急能力等级为较强。上海、江苏、浙江、广东准则层各项能力多为一般，少为较强或较弱，大部分超过全国平均水平，故突发公共卫生事件应急能力等级为一般。其余省份准则层各项能力多为较弱，少为一般或弱，参差不齐，既有高于全国平均水平的能力，也有低于全国平均水平的方面，等级多为较弱，故突发公共卫生事件应急能力等级均为较弱。

---

① 相关统计数据来自《中国统计年鉴（2019）》。
② 相关统计数据来自《中国统计年鉴（2019）》《2018 年国民经济和社会发展统计公报》，以及相关省、自治区、直辖市 2019 年的统计年鉴与 2018 年的国民经济和社会发展统计公报等。

四、结论与讨论

(一) 结论

当前,北京的突发公共卫生事件应急能力较强,上海、江苏、浙江、广东 4 个省市的突发公共卫生事件应急能力一般,其余省份的突发公共卫生事件应急能力均较弱。在空间分布上,突发公共卫生事件应急能力及准则层各项能力,京津地区与东部沿海地区省份多为较强或一般,东北地区与中部地区省份多为较弱,西部地区省份多为弱或较弱。但大部分省份各项能力较弱,故我国突发公共卫生事件应急能力及准则层各项能力平均水平均较弱。

由此也可推论,我国突发公共卫生事件应急能力平均水平较弱,并不是因为我国没有突发公共卫生事件应急能力比较突出的省份,而是由我国大部分省份突发公共卫生事件应急能力及准则层各项能力均较弱直接导致的。我国仅京津与东部沿海等少部分经济发达地区省份各项能力较优,而东北、中部、西部等经济欠发达地区省份各项能力则比较差。这也说明经济发展水平是影响我国突发公共卫生事件应急能力的重要因素。故此,只有从也必须从东北、中部和西部地区入手,通过完善区域政策体系,发挥各地区比较优势,促进各类要素合理流动与高效聚集,增强创新发展动力等思路,形成优势互补、高质量发展的区域经济布局,全面而有效地促进我国区域协调发展,才能够使我国突发公共卫生事件应急能力整体水平得到质的提升。

(二) 讨论

我国暂未形成一套统一公认的突发公共卫生事件应急能力评价指标体系,而且此次新冠肺炎疫情重大,涉及范围广泛,很难将所有与疫情有关的事项都化作评价指标,故本文在政府公开性、透明性以及辟谣力度等诸多方面有所遗漏。同时,本文是基于熵权法与主成分分析法来确定各项评价指标权重,以保证评价结果较为客观,但缺少突发公共卫生事件应急专家的建议,或许不能完全反映出各项评价指标的重要程度,均有待于日后改进。

另外，本文仅是从学术层面分析我国各省突发公共卫生事件应急能力及其空间差异。当下仍处于疫情防控期间，无论各省市突发公共卫生事件应急能力如何，在习近平总书记的亲自指挥下，全国人民上下一心，医护人员奋战一线，必然会取得疫情防控阻击战的全面胜利！

社会安全与治理

气候变化与集体暴力

〔美〕巴里·S. 利维　维克多·W. 赛德尔　乔纳森·A. 帕茨　著
吴新叶　译

摘　要：气候变化带来了气温升高、降水变化、极端天气、海平面上升和其他环境影响等问题，同时还引发甚至导致出现了一些与热相关的疾病、呼吸系统和过敏性疾病、传染性疾病、因粮食不安全所引起的营养不良，以及精神健康疾病等。另外，越来越多的证据表明，气候变化与集体暴力具有关联性。气温升高和极端降水及其后果，包括农田被破坏和其他关键性环境资源的匮乏，是气候变化造成集体暴力的主要原因。在预防因气候变化所引发的集体暴力方面，公共卫生专家的作用有：（1）支持减少温室气体排放的缓解措施；（2）促进采取适当措施来应对气候变化的后果，并提高社区的适应能力；（3）消解集体暴力的潜在风险因素，如贫困和社会经济差异等。

关键词：气候变化；公共卫生；集体暴力；战争；武装冲突

气候变化，或更准确地说是全球气候混乱，正通过许多相互关联的方式影响着地球上的生命。气候变化带来的健康和环境风险，与贫穷和社会经济不平等状况、人口增长和迁移、新兴疾病和危险化学品，以及生态系统破坏和生物多样性减少等因素是直接相关的。本文重点关注气候变化和集体暴力之间的关系，并探讨了公共

---

* 本文译自 Barry S. Levy, Victor W. Sidel, & Jonathan A. Patz, Climate Change and Collective Violence, *Annual Review of Public Health*, Vol. 38, 2017, pp. 241-257。

** 巴里·S. 利维（Barry S. Levy），美国塔夫斯大学医学院副教授；维克多·W. 赛德尔（Victor W. Sidel），美国公共卫生协会前主席，曾任教于威尔·康奈尔医学院医药和公共卫生政策系；乔纳森·A. 帕茨（Jonathan A. Patz），美国威斯康星大学麦迪逊分校全球健康研究所主任、教授。吴新叶，政治学博士，华东政法大学政治学与公共管理学院教授、博士生导师，主要研究领域：基层治理、社会组织。

卫生专家可以采取哪些措施来扩大有关这些关系的知识,以及可以采取哪些措施来防止气候变化所引起或促成的集体暴力。

一、气候变化的后果

(一) 环境后果

联合国政府间气候变化专门委员会(Intergovernmental Panel on Climate Change,IPCC)评估了气候变化导致各种环境问题发生的可能性,以及人类对这些观测到的变化做出贡献的可能性(见表1)。IPCC预计,在21世纪早期,大多数陆地地区可能会更温暖,出现炎热的白天和黑夜的机会可能会更频繁,而在21世纪后期,这些几乎可以肯定会发生(见表2)。[1] IPCC使用基于不同气候情景的计算机模型,预计2081—2100年(与1986—2005年相比),全球平均温度可能升高的范围在0.3℃—1.7℃到2.6℃—4.8℃。[2]

表1 已发生的各种变化的评估及人类对这些已观测到的变化的贡献

现象和趋势方向	变化已发生的评估(除非另有说明,否则通常系指自1950年以来)	人类对已观测到的变化的贡献的评估
在大多数陆地地区,更温暖和/或更少寒冷的白天和黑夜	极有可能	极有可能
在大多数陆地地区,更温暖和/或更多炎热的白天和黑夜	极有可能	极有可能
温暖期/热浪:在大多数陆地地区出现的频率和/或持续时间的增加	全球范围内中等信度。可能出现在欧洲、亚洲、澳洲大部分地区	可能
强降水事件:强降水的频率、强度、和/或数量的增加	大部分陆地地区可能会越来越多出现,而不是减少	中等信度
干旱的强度和/或持续时间的增加	全球范围内低信度。可能发生在某些地区	低信度
强热带气旋活动的增加	长期的变化(百年)低信度。自1970年以来几乎可以肯定会在北大西洋地区出现	低信度
极端高海平面发生率和/或规模的增加	可能(自1970年起)	可能

资料来源:IPCC, *Climate Change 2014: Impacts, Adaptation, and Vulnerability. Contribution of Working Group II to the Fifth Assessment Report of the Intergovernmental Panel on Climate Change*, Cambridge Univ. Press, 2014。

---

[1] IPCC, *Climate Change 2013: The Physical Science Basis*, Cambridge Univ. Press, 2013.
[2] IPCC, *Climate Change 2014: Impacts, Adaptation, and Vulnerability*, Cambridge Univ. Press, 2014.

表2 21世纪早期和后期发生进一步变化可能性的评估

现象和趋势方向	21世纪早期	21世纪后期
在大多数陆地地区，更温暖和/或更少寒冷的白天和黑夜	可能的	几乎确定的
在大多数陆地地区，更温暖和/或更多炎热的白天和黑夜	可能的	几乎确定的
温暖期/热浪：在大多数陆地地区出现的频率和/或持续时间的增加	未经正式评估	很可能的
强降水事件：强降水的频率、强度、和/或数量的增加	在许多陆地地区是可能出现的	在大多数中纬度大陆板块和潮湿的热带地区是很可能出现的
干旱的强度和/或持续时间的增加	低信度	从区域到全球范围内是可能的（中等信度）
强热带气旋活动的增加	低信度	在北太平洋西部和北大西洋地区多半可能会出现
极端海平面上升的发生率和/或规模的增加	可能的	很可能的

资料来源：IPCC, *Climate Change 2014: Impacts, Adaptation, and Vulnerability*, Cambridge Univ. Press, 2014。

IPCC预计，在21世纪早期，许多陆地地区上出现强降水事件的频率、强度和/或数量可能会增加；在21世纪后期，在大多数中纬度大陆板块和潮湿的热带地区也可能会增加。强降水事件通常伴随着沿海风暴潮和洪水的泛滥。IPCC表示，"几乎可以肯定"，自1970年以来，北大西洋地区的强热带气旋活动增加了，这在21世纪后期的北太平洋西部地区也"多半可能"会发生（"飓风""气旋"和"台风"是在不同地方发生的同一天气现象的不同称谓）（见表2）。①

气候变化对环境造成的后果的大小和严重性，需要结合人类的活动来考察。例如，不良的土地使用政策可能会加剧自然灾害和人为灾难。再如，人类对天然湿地缓冲区的破坏是导致2005年美国新奥尔良卡特里娜飓风形成的原因，而大规模森林砍伐导致洪都拉斯1998年米奇飓风期间发生重大泥石流事件。

（二）健康后果

与气候变化有关的不良健康后果可分为：（1）直接健康影响，包括与热有关的

---

① IPCC, *Climate Change 2013: The Physical Science Basis*, Cambridge Univ. Press, 2013.

疾病、呼吸系统和过敏性疾病、传染病以及极端天气事件造成的伤害；（2）粮食不安全、强迫迁徙和集体暴力带来的间接健康影响；（3）影响个人、社区和整个国家的精神健康疾病。①

1. 直接健康影响

与热相关的后果包括与热有关的疾病（如热衰竭、热射病和脱水）与慢性疾病的并发症（如慢性阻塞性肺病、冠状动脉疾病和糖尿病）。在美国，根据临床报告，平均每年有600多例死亡与过度暴露于自然热有关。不过，实际数字可能要大得多，因为通常不报告因与热有关的疾病导致的死亡，除非是热浪来袭。② 在热浪中，高发病率或死亡风险的人群包括独居老年人、住在公共住房和/或没有空调的人，以及户外工人等。

由于气候变化，罹患呼吸疾病和过敏性疾病的人数会增加，这主要是由于臭氧浓度升高（很大程度上是由于车辆尾气排放和温暖的环境温度）、野火产生的烟雾、花粉量增加和花粉季节延长，以及过度暴露于霉菌中（由于洪水破坏住宅用水系统）。此外，气候变化引起的传染病包括病媒传播的疾病（由于携带疾病的病媒分布更广，传播季节更长）、水传播的疾病（很大程度上是由于洪水和严重干旱期间缺水造成的供水污染，导致使用不安全的水源）和食源性疾病（由于较高的温度增加了病原体的生长和持久性，以及由于污水污染了食物）等。

2. 间接健康影响

气候变化带来的间接健康后果主要影响中等收入和低收入国家的人民。影响包括：（1）由于粮食短缺而造成的营养不良和由此引起的粮食价格上涨，这很可能是由于气温升高和极端降雨造成的结果，最终导致干旱和洪水；（2）由于耕地被破坏、海平面上升以及粮食和水短缺，个人和整个社群很可能在本国或其他国家流离失所，因此被迫迁移，从而引起健康问题；（3）集体暴力，部分是由于粮食不安全、强迫迁徙和其他危机所引起的政治、经济和社会动荡。③

如上所述，气候变化的全球后果通常与美国全球变化研究计划（US Global Change Research Program）就气候变化对美国人健康影响的科学评估一致。美国全

---

① B. S. Levy and J. A. Patz (eds.), *Climate Change and Public Health*, Oxford Univ. Press, 2015.

② CDC (Cent. Dis. Control Prev.), QuickStats: Number of Heat-related Deaths, by Sex—National Vital Statistics System, United States, 1999-2010, *MMWR*, Vol. 61, 2012, p. 729.

③ B. S. Levy and V. W. Sidel, Collective Violence Caused by Climate Change and How It Threatens Health and Human Rights, *Health Human Rights*, Vol. 16, 2014, pp. 32-40.

球变化研究计划发布的 2016 年报告的执行摘要指出：

> 气候变化是对美国人民健康的重大威胁。人为引起的气候变化的影响正在全国范围内增加。温室气体浓度的上升导致温度升高、降水变化、某些极端天气事件的频率和强度增加，以及海平面上升等。这些气候变化会影响到我们的食物和水源、我们呼吸的空气、我们遇到的天气，这些因素会与自然环境相互作用，危害我们的健康。随着气候的不断变化，人类健康面临的风险也在不断增加。①

（三）气候变化对人权和社会公正的影响

气候变化对人权和社会公正有着深远的影响。② 在温室气体（GHG）排放水平以及由于气候变化造成的不利后果的程度和严重性方面，各国之间存在着巨大的不平等。温室气体排放量最少的国家可能会由于气候变化而遭受最严重的后果。气候变化对贫穷国家的影响最大。③

如果二氧化碳浓度不减少，急速的气候变化不改变，贫穷国家的经济将可能受到严重损害，这些国家的年均增长率到 2100 年可能会从 3.2% 降至 2.6%。贫穷国家在经济上受气候变化影响的程度可能要比富裕国家大得多。原因如下：（1）它们更易受极高温度的影响；（2）它们严重依赖农业、对自然资源的开采，以及其他易受极端天气变化影响的工业部门；（3）与富裕国家相比，贫困国家从空调到保险的各种风险管理方法都要少很多。④

各种各样的社会经济、人口、健康、地理和其他风险因素，使人口和人口中的

---

① A. Crimmins, J. Balbus, J. L. Gamble, et al. (eds.), *The Impacts of Climate Change on Human Health in the United States: A Scientific Assessment*, Washington, DC: US Glob. Change Res. Progr., 2016, p. 2.

② B. S. Levy and J. A. Patz, Climate Change, Human Rights, and Social Justice, *Ann. Glob. Health*, Vol. 201, 2015, pp. 310-322.

③ J. Gross, The Severe Impact of Climate Change on Developing Countries, *Med. Glob. Surviv.*, Vol. 7, 2002, pp. 96-100; J. A. Patz, H. K. Gibbs, J. A. Foley, et al., Climate Change and Global Health: Quantifying a Growing Ethical Crisis, *EcoHealth*, Vol. 4, 2007, pp. 397-405; World Bank, Climate Change Affects the Poorest in Developing Countries, *World Bank News*, March 3, 2014, http://www.worldbank.org/en/news/feature/2014/03/03/climate-change-affectspoorest-developing-countries.

④ F. C. Moore and D. B. Diaz, Temperature Impacts on Economic Growth Warrant Stringent Mitigation Policy, *Nat. Clim. Change*, Vol. 5, 2015, pp. 127-131.

亚群体更容易受到气候变化造成的健康后果的影响。这些风险因素包括贫困、女性、少数民族地位、年轻人或老年人以及各种疾病或残疾。此外，气候变化对健康的影响很可能将继续集中在低纬度地区的低收入人群中。在这些地区，疟疾、腹泻和营养不良等对气候敏感的疾病非常普遍，低收入人群最易受这些疾病的影响。[①]

旨在减轻气候变化及其不利影响的措施，可能会产生意想不到的后果，从而对社会公正和环境公正产生不利影响。例如，美国支持农业生物燃料生产以促进可持续能源和能源独立性的农业政策加剧了谷物价格的波动，影响了粮食商品价格（如通过将玉米价格与乙醇价格挂钩），对食品价格造成了冲击，加剧了粮食不安全状况，对于穷人群体而言尤甚。[②]

此外，许多职业工人面临的气候变化损害健康的风险也在增加。处于危险之中的人群包括：（1）在极端高温下工作的户外工人；（2）暴露于极端温度或降水的其他工人；（3）暴露于空气污染物、传染源、野火和/或极端天气事件中的工人；（4）公用事业、运输、卫生保健、应急响应、环境修复、建筑和拆除、景观美化、农业、林业和野生生物管理等特定领域的从业人员。[③]

二、全球集体暴力概览

暴力是指"故意使用武力或权力，胁迫或危害自己、他人、群体或社区，导致或极有可能导致伤害、死亡、心理伤害、发育不良或剥夺自由等后果"[④]。暴力包括自我施加的暴力、人际暴力和集体暴力。集体暴力又有武装冲突、国家支持的暴力（如酷刑和种族灭绝）和有组织的暴力犯罪（如帮派战争）之分，它是指"那些自称是恐怖分子的成员对另一组织或群体使用暴力工具，以实现政治、经济或社会目标"[⑤]。集体暴力通过直接（如通过枪击和爆炸装置）和以下间接方式造成大

[①] A. J. McMichael, D. Campbell-Lendrum, S. Kovats, *et al.*, Global Climate Change, in M. Ezzati, A. D. Lopez, A. Rodgers, *et al.* (eds.), *Comparative Quantification of Health Risks: Global and Regional Burden of Disease Attributable to Selected Major Risk Factors*, Vol. 2, World Health Organization, 2004, pp. 1543–1650.

[②] V. J. Stull and J. A. Patz, Agricultural Policy, See Ref. 34 (2015), pp. 319–342.

[③] C. Roelofs and D. H. Wegman, Workers: The "Climate Canaries"? See Ref. 34 (2015), pp. 18–19.

[④] E. G. Krug, L. L. Dahlberg, J. A. Mercy, *et al.*, World Report on Violence and Health, Geneva, World Health Organization, 2002, p. 215, http://www.who.int/violence_injury_prevention/violence/global_campaign/en/chap8.pdf?ua=1.

[⑤] WHO Global Consultation on Violence and Health, Violence: A Public Health Priority, Geneva, World Health Organization, 1996.

规模的发病率和死亡率：（1）破坏支持健康的社会基础设施（安全食品和水的供给、医疗保健和公共卫生服务、交通、通信以及发电和供电）；（2）强迫个人和社群流离失所（造成难民和国内流离失所者）；（3）对自然环境的破坏；（4）转移人力和财力；（5）其他暴力行为。[1] 尽管集体暴力的定义在全球都适用，但集体暴力及其后果在不同国家和地区有不同的表现。例如，2004—2013 年，基于国家的冲突主要发生在非洲和亚洲及大洋洲地区，而非国家冲突则主要发生在非洲。[2] 再如，在全世界 2130 万难民中，有 41% 来自 3 个饱受战争蹂躏的国家，即叙利亚（490万）、阿富汗（270 万）和索马里（110 万）；有 6 个国家收容了近 760 万难民，包括土耳其（250 万）、巴基斯坦（160 万）、黎巴嫩（110 万）、伊朗（97.94 万）、埃塞俄比亚（73.61 万）和约旦（66.41 万）。[3]

三、既有研究气候变化与集体暴力之间关系的文献

（一）历史研究

在基于过去 1000 年数据的三项研究中，章典等证明了以下有关气候变化与暴力之间关系的结论：首先，在北半球的前工业化时代，气候变化是发生武装冲突和其他重大人道主义危机的根本原因。他们证明了温度下降导致农业生产下降、物价上涨、战争、饥荒和人口减少。他们还证明了同时期的社会机制无法预防这些危机。[4] 其次，在 1560—1660 年的欧洲，较低的气温是导致农业生态、社会经济和人口危机的根本原因。[5] 最后，在过去的 1000 年中，中国东部地区战争频发与气温的

---

[1] B. S. Levy and V. W. Sidel (eds.), *War and Public Health*, 2nd ed., Oxford Univ. Press, 2008; V. W. Sidel and B. S. Levy, Collective Violence: War, in R. Detels, R. Beaglehole, M. A. Lansang, et al. (eds.), *Oxford Textbook of Public Health*, Oxford Univ. Press, 2009, pp. 1367–1375.

[2] Stockh. Int. Peace Res. Inst., *SIPRI Yearbook 2015: Armaments, Disarmament and International Security*, Oxford Univ. Press, 2015.

[3] UNHCR: UN Refug. Agency, *Figures at a Glance*, UNHCR, 2016, http://www.unhcr.org/enus/fifigures-at-a-glance.html.

[4] D. D. Zhang, P. Brecke, H. F. Lee, et al., Global Climate Change, War, and Population Decline in Recent Human History, *PNAS*, Vol. 104, 2007, pp. 19214–19219.

[5] D. D. Zhang, H. F. Lee, C. Wang, et al., The Causality Analysis of Climate Change and Large-Scale Human Crisis, *PNAS*, Vol. 108, 2011, pp. 17296–17301.

波动显著相关，特别是在气温较低的时期，农业生产水平较低，战争频繁发生。①

关于欧洲在过去1000年里气温和降水与暴力冲突关系的研究中，托尔（R. S. J. Tol）和瓦格纳（S. Wagner）得出结论，认为当气温较低时，冲突会更加激烈［值得注意的是，他们证明了这种关联在工业时代（自1750年以来）较为薄弱］。他们得出的结论与研究结果并无"清晰的画面"支撑，但他们预测：全球变暖不会加剧温带气候下的暴力冲突。②

（二）当代研究

1. 温度对暴力的影响

所罗门（S. M. Hsiang）和同事对1950—2004年热带地区的冲突进行了研究，结果表明，相对于发生拉尼娜现象时期，在出现厄尔尼诺—南方涛动（ENSO）现象的年份里，热带大陆的大部分土地会变得更加温暖和干燥，发生新的内战的可能性从3%增加到6%。他们还发现，在较温暖的纬度地区，ENSO的影响通常不会那么极端。他们得出的结论是，自1950年以来，ENSO可能在21%的内战发展中"发挥了作用"。③

通过研究1981—2002年撒哈拉以南非洲地区的冲突，伯克（M. B. Burke）等发现，气温升高与内战之间存在显著关联。根据他们的发现，假设未来的战争与最近的战争一样致命，他们预计到2030年非洲武装冲突将增加约54%，与战争有关的死亡人数将增加39.3万。④ 布哈格在批判这项研究时断言，在过去的30年中，虽然非洲大部分地区的气温在上升，但内战的发生率下降了，撒哈拉以南非洲地区内战冲突导致的平均死亡人数从每年约6100人减少到1600人。他还认为，当把伯克等人最初的分析结论拓展到最近时期时，该关联完全消失了。⑤ 为了回应布哈格

---

① D. D. Zhang, J. Zhang, H. F. Lee, et al., Climate Change and War Frequency in Eastern China over the Last Millennium, Hum. Ecol., Vol. 35, 2007, pp. 403-414.

② R. S. J. Tol and S. Wagner, Climate Change and Violent Conflict in Europe over the Last Millennium, Clim. Change, Vol. 99, 2010, p. 77.

③ S. M. Hsiang, K. C. Meng, & M. A. Cane, Civil Conflicts Are Associated with the Global Climate, Nature, Vol. 476, 2011, p. 438.

④ M. B. Burke, E. Miguel, S. Satyanath, et al., Warming Increases the Risk of Civil War in Africa, PNAS, Vol. 106, 2009, pp. 20670-20674.

⑤ H. Buhaug, Reply to Burke et al.: Bias and Climate War Research, PNAS, Vol. 107, 2010, pp. 186-187.

(H. Buhaug)等人的批评,伯克等修改了他们的研究模型,并得出了进一步的结论,证实了撒哈拉以南非洲地区在20世纪80年代和90年代发生的大规模战争的变化可以部分解释为气温变化的影响。伯克等承认,他们的结论在2003—2008年不成立。他们认为,国际维和、经济发展和更好的国内治理可能减轻了气温变化的影响。[1]

奥洛林(J. O'Loughlin)等研究了1990—2009年东非的暴力行为,他们发现比正常温度高得多的气温显著增加了发生暴力的风险。但是,当将这些数据与政治、经济和自然地理因素进行比较时,他们总结道:更为温暖的气温是暴力发生的相对较小的诱因。他们还发现,气候与冲突之间的联系在不同国家之间和在不同时期存在重大差异。[2]

梅斯塔特(J. F. Maystadt)和同事对索马里1997—2009年发生的冲突进行了研究,结果表明干旱导致牲畜价格下跌,加剧了冲突。他们研究发现,预计到2100年,东非的平均气温将升高约3.2℃(5.8℉)(该地区2100年的预测中值),那么牛的价格将下降约4%,暴力冲突将增加约58%。他们得出结论,气候变化将加大索马里的安全挑战,特别是在牧民社区,需要采取有效措施来增强索马里对干旱和冲突的抵御能力。[3]

奥洛林等研究了温度和降水变异性,以及这些变量对撒哈拉以南非洲地区1980—2012年暴力发生概率的影响。他们发现,温度与暴力具有显著联系,但极端温度与冲突发生之间的关联度不高。此外,他们还发现,暴力发生的地点和时间受温度和降水变化的影响要小于受经济、政治和地理因素的影响。[4]

博尔弗拉斯(A. Bollfrass)等基于次国家数据集进行了分析,研究结果表明,在世界各地农业和非农业样本省,温度与暴力冲突的发生显著相关。他们确定,年平均气温升高11.1℃(20℉)会导致致命冲突发生的概率升高约2%。他们还发现,

---

[1] M. B. Burke, E. Miguel, S. Satyanath, et al., Climate Robustly Linked to African Civil War, PNAS, Vol. 107, 2010, p. 185.

[2] J. O'Loughlin, F. D. Witmer, A. M. Linke, et al., Climate Variability and Conflict Risk in East Africa, 1990-2009, PNAS, Vol. 109, 2012, pp. 18344-18349.

[3] J. F. Maystadt, O. Ecker, & A. Mabiso, Extreme Weather and Civil War in Somalia: Does Drought Fuel Conflict Through Livestock Price Shocks? Int. Food Policy Res. Inst. (IFPRI) Discuss. Pap. 2013, http://cdm15738.contentdm.oclc.org/utils/getfifile/collection/p15738coll2/id/127391/fifilename/127602.pdf.

[4] J. O'Loughlin, A. M. Linke, & F. D. Witmer, Effects of Temperature and Precipitation Variability on the Risk of Violence in Sub-Saharan Africa, 1980-2012, PNAS, Vol. 111, 2014, pp. 16712-16717.

气温升高导致农作物产量下降，不太可能完全解释整个次国家层级暴力事件的增加。[1]

高温与集体暴力以外其他形式的暴力相关。例如，尼奇克（M. Nitschke）和同事的研究发现，在热浪中，15—64 岁的人中与袭击有关的伤害显著增加了 13%。[2] 李（B. Li）和同事发现，在阈值为 27.2℃（81℉）的情况下，故意自我伤害（自杀和自杀未遂）与边界显著性相关。[3] 佩奇（L. A. Page）和同事发现，高于 18℃（64.4℉）时，平均温度每升高 1℃，自杀率就会显著增加 3.8%。[4]

尽管有证据表明这两项研究中存在自杀或自杀未遂的温度阈值，但我们认为，不可能为集体暴力找到统一的温度阈值，这是因为集体暴力通常是由集体暴力事件中多种因素的变化所引起的。

2. 降雨量对暴力的影响

一些研究表明，与干旱相关的降雨量如果显著减少，就会导致冲突加剧。利维（M. A. Levy）等[5]发现，当降雨量大幅减少时，下一年爆发高强度内战的概率会显著增加。但是，他们没有发现降雨量偏少与低强度内战之间也存在显著关联。菲耶尔德（H. Fjelde）等[6]关于 1990—2008 年撒哈拉以南非洲地区的研究发现，与历史标准相比，降雨量的重大偏差与社区冲突发生的可能性增加有关。他们还发现，在被政治排斥的族裔和政治团体成员居住的地区，降雨量减少对社区冲突发生可能性的影响会增加。哈拉里（M. Harari）等关于 1997—2011 年非洲地区的研究发现，在主要农作物生长的季节，不利的气候冲击会对次国家区域冲突的发生率产生持续的影响，尤其是针对平民的暴力行为。他们预计，在"中等排放情景"下，在未来 20 年里，在农作物生长季节发生严重气候冲击的概率将增加一倍以上，导致冲突

---

[1] A. Bollfrass and A. Shaver, The Effects of Temperature on Political Violence: Global Evidence at the Sub-National Level, *PLOS ONE*, Vol. 10, 2015.

[2] M. Nitschke, C. R. Tucker, & P. Bi, Morbidity and Mortality During Heat Waves in Metropolitan Adelaide, *Med. J. Aust.*, Vol. 187, 2007, pp. 662-665.

[3] B. Li, S. Sain, L. O. Mearns, et al., The Impact of Extreme Heat on Morbidity in Milwaukee, Wisconsin, *Clim. Change*, Vol. 110, 2012, pp. 959-976.

[4] L. A. Page, S. Hajat, & R. S. Kovats, Relationship Between Daily Suicide Counts and Temperature in England and Wales, *Br. J. Psychiatry*, Vol. 191, 2007, pp. 106-112.

[5] M. A. Levy, C. Thorkelson, C. Vorosmarty, et al., Freshwater Availability Anomalies and Outbreak of Internal War: Results from a Global Spatial Time Series Analysis, Presented at Hum. Secur. Clim. Change Int. Workshop, 2005, http://www.ciesin.org/pdf/waterConflict.pdf.

[6] H. Fjelde and N. von Uexkull, Climate Triggers: Rainfall Anomalies, Vulnerability and Communal Conflict in Sub-Saharan Africa, *Pol. Geogr.*, Vol. 3, 2012, pp. 444-453.

发生率将增加7%。① 最后,奥皮约(F. E. Opiyo)和同事研究了肯尼亚易干旱牧区的暴力冲突,他们发现虽然冲突是由于政治、经济和社会文化复杂因素相互作用造成的,但频繁的干旱加剧了对稀缺自然资源的竞争,从而导致暴力冲突的升级。②

部分由气候变化引起的干旱使得粮食价格突然上涨(粮食价格冲击),导致粮食暴动等暴力形式的发生(见材料"气候变化冲击了粮食价格并导致暴力发生")。部分由气候变化引起的干旱还导致了叙利亚内战的发生(见材料"气候变化助长了叙利亚内战")。

气候变化冲击了粮食价格并导致暴力发生

大宗商品价格的波动和不可预测的价格飙升(急剧上升)严重威胁着粮食安全。生活在城市地区的穷人特别容易受到食品价格冲击的影响,因为他们大部分食品是买来的(而不是种植来的)。尽管农村地区的贫困农民最终可能会从农作物价格的逐步上涨中获得经济利益,但他们通常并没有从价格出乎意外地急剧变化中受益。③ 在低收入国家,最贫穷的家庭可能将其收入的80%花费在食品上,而美国家庭的这一平均比例为6%。④ 因此,价格冲击对低收入国家的家庭有相当大的影响。

大宗商品价格飙升加上政治动荡以及民众的绝望和不信任,导致死亡和非致命伤害事件的发生。粮食暴动还对社会和政治稳定产生了不利影响,进一步加剧了粮食不安全状况。从2010年下半年开始的"阿拉伯之春"事件就是这种情况的反映。⑤

---

① M. Harari and E. La Ferrara, Conflict, Climate and Cells: A Disaggregated Analysis, Cent. Econ. Policy Res. Discuss. Pap. Ser. No. 9277, 2013, p. 34.

② F. E. Opiyo, O. V. Wasonga, J. Schilling, et al., Resource-Based Conflicts in Drought-Prone Northwestern Kenya: The Drivers and Mitigation Mechanisms, *Wudpecker J. Agric. Res.*, Vol. 1, 2012, pp. 442-453.

③ FAO (Food Agric. Organ. U. N.), The State of Food and Agriculture 2013: The Multiple Dimensions of Food Security, Rome: FAO, http://www.fao.org/docrep/018/i3434e/i3434e00.htm.

④ World Food Progr., How High Food Prices Affect the World's Poor, *World Food Progr. Stories*, Sept. 4, 2012, https://www.wfp.org/stories/how-high-food-prices-affect-worlds-poor.

⑤ M, Lagi, K. Z. Bertrand, & Y. Bar-Yam, The Food Crises and Political Instability in North Africa and the Middle East, 2011, https://arxiv.org/pdf/1108.2455.pdf.

> ### 气候变化助长了叙利亚内战
>
> 气候变化很可能助长了叙利亚内战的发展。这场内战始于 2011 年，自那以来已造成约 40 万人死亡，迫使超过 900 万叙利亚人逃离家园，并造成了严重的人道主义危机。从 2006 年到 2009 年，一场严重的干旱将叙利亚约 60% 的土地变成了沙漠。有研究估计约有 80% 的牛死亡。成千上万的农民及其家庭成员（可能多达 150 万人）放弃了他们的农场，搬到了已经有超过 100 万伊拉克难民的城市。到 2010 年年底，叙利亚的城市人口为 1380 万，比 2002 年增加了 50%。大多数农民找不到工作，并感到自己受到巴沙尔·阿萨德政府的虐待。[①]
>
> 凯利（C. P. Kelley）等证明，叙利亚干旱的严重程度只是长期干旱趋势的一部分，这与温室气体（人为引起的气候变化）增加的模型是一致的。他们得出的结论是，干旱助长了叙利亚的政治动荡，该国治理不善，农业和环境政策不可持续。他们预计东地中海地区的高温和干旱情况仍会加剧。[②]

一般认为，气候变化带来的风险具有乘数效应。在这种情况下，气候变化导致的降雨量减少将加剧现有淡水的短缺，特别是在中东、北非和南亚等国家，那里的许多地方严重缺水，干旱状况由来已久。总之，水资源短缺已被证明会加剧冲突。例如，格莱克（P. H. Gleick）[③] 积累了数十年来关于水的国家间和国内冲突的数据，发现这些冲突一直在大幅增加。1960—1989 年，全球发生了 38 次与水有关的冲突（平均每年 1.3 次），1990—2007 年发生了 83 次此类水冲突（平均每年 4.6 次）。

但是，一些研究未能找到降雨量减少（和/或干旱）与冲突发展之间的联系。泰森（O. M. Theisen）等对 1960—2004 年的阿富汗进行研究，未能找到干旱与内战

---

① Natl. Public Radio Staff, How Could a Drought Spark a Civil War? *NPR*, Sept. 8. 2013, http://www.npr.org/2013/09/08/220438728/how-could-a-drought-spark-a-civil-war; R. M. Trigo, C. M. Gouveia, & D. Barriopedro, The Intense 2007-2009 Drought in the Fertile Crescent: Impacts and Associated Atmospheric Circulation, *Agric. For. Meteorol.*, Vol. 3, 2010, pp. 429-441.

② C. P. Kelley, S. Mohtadi, M. A. Cane, *et al.*, Climate Change in the Fertile Crescent and Implication of the Recent Syrian Drought, *PNAS*, Vol. 112, 2015, pp. 3241-3246.

③ P. H. Gleick, Water Conflict Chronology, in P. H. Gleick and M. J. Cohen (eds.), *The World's Water, 2008-2009: The Biennial Report on Freshwater Resources*, Island Press, 2009, pp. 151-196.

之间的任何联系；他们得出的结论是，内部冲突的主要原因是政治性质的。① 阿达诺（W. R. Adano）等在研究了肯尼亚牧区的暴力冲突后得出结论，气候变化并不是该地区冲突的主要诱因。② 在西非的萨赫勒地区，本杰明森（T. A. Benjamin-sen）等发现，冲突与资源稀缺和环境没有直接相关性，政府内部的腐败等则是那里发生暴力冲突最可能的解释。③ 最后，在审查了有关非洲气候和内战的数据后，布哈格得出结论，气候的变化很难用来预测武装冲突，在非洲，内战的爆发主要归因于国民经济不景气以及对种族和政治群体的排斥。但是他承认，许多研究都是基于国家层面的数据，这些数据可能掩盖了地方层面有关降雨量和冲突的数据。④

尽管许多研究发现降雨量减少以及随之带来的干旱与暴力相关，但一些研究则表明降雨量增加也可能与暴力相关。萨利赫安（I. Salehyan）等发现，在全球范围内，在1979—2006年，水资源丰富与政治暴力有关。他们断言，当人们的基本需求得到满足时，以及"当水量更丰富，战术环境更有利于进攻时"，政治暴力会更常发生。⑤ 他们还证明，1991—2007年，在撒哈拉以南非洲地区的47个国家中，降雨量与暴动和内战有关。他们还发现，降雨量的极端偏差（尤其是大量降雨）与暴力行为密切相关。更广泛地说，他们发现环境冲击与动荡局面之间有着密切的联系。⑥ 最后，泰森针对1989—2004年的肯尼亚研究发现，潮湿的年份与大规模暴力活动有关。他说，很可能是由于在极端缺水的时期不可能发生大规模暴力行为，并认为在干旱的情况下，和解、合作与和睦是牧民社区的目标。此外，他还发现选举年常伴随着暴力行为，主要群体间的暴力主要受到"算计和政治利益"的影响，而不是对稀缺土地和水资源的竞争。⑦

---

① O. M. Theisen, H. Holtermann, & H. Buhaug, Climate Wars? Assessing the Claim that Drought Breeds Conflict, *International Security*, Vol. 36, 2011/12, pp. 79-106.

② W. R. Adano, T. Dietz, K. Witsenburg, et al., Climate Change, Violent Conflict and Local Institutions in Kenya's Drylands, *J. Peace Res.*, Vol. 49, 2012, pp. 65-80.

③ T. A. Benjaminsen, K. Alinon, H. Buhaug, et al., Does Climate Change Drive Land-Use Conflicts in the Sahel? *J. Peace Res.*, Vol. 49, 2012, pp. 97-111.

④ H. Buhaug, Climate Not to Blame for African Civil Wars, *PNAS*, Vol. 107, 2010, pp. 16477-16482.

⑤ I. Salehyan and C. S. Hendrix, Climate Shocks and Political Violence, Presented at Annu. Conv. Int. Stud. Assoc., 2012.

⑥ C. S. Hendrix and I. Salehyan, Climate Change, Rainfall, and Social Conflict in Africa, *J. Peace Res.*, Vol. 4, 2012, pp. 35-50.

⑦ O. M. Theisen, Climate Clashes? Weather Variability, Land Pressure, and Organized Violence in Kenya, 1989-2004, *J. Peace Res.*, Vol. 49, 2012, p. 81.

(三) 二元变量分析

二元变量的大量研究成果，为气候变化与集体暴力之间存在因果关系提供了有力的证据。

所罗门和同事基于 60 项纵向研究的二元变量分析发现，其中 30 项针对群体间冲突，15 项针对人际冲突，15 项针对制度崩溃和人口锐减。在 30 项关于群体间冲突的研究中，有 7 项是全球性的，11 项针对撒哈拉以南非洲的部分或全部地区，3 项针对欧洲，3 项针对中国，6 项针对其他地方。在这 30 项研究中，有 23 个以年为单位，4 个以数十年为单位，2 个以月为单位，1 个以世纪为单位。作者得出的结论是，偏离温和的温度和正常的降水量会显著增加冲突风险，特别是在贫困人口中。基于这些发现，他们估计每一个降雨量增加或气温升高的标准差使群体间冲突增加了 14%，在某些地理位置上则增加了 50% 以上。他们预测，随着气温的升高，冲突可能会大量增加。① 一些观察家批评了这种二元变量分析，称其受选择偏见的困扰，并将天气与气候混为一谈（天气被界定为"在特定时间和地点的空气和大气状态……关于热或冷、潮湿或干燥、平静或暴风雨、晴朗或阴天"。相反，气候则是"整个地区长期普遍存在的天气状况"。气候科学家经常使用 30 年的时间段来区分气候和天气）。②

在另一项二元变量分析中，所罗门和伯克进行了 50 项量化研究，这些研究涉及气候变量与暴力冲突和社会政治不稳定之间的关联。他们采用了最有力的实验性的或准实验性设计的定量研究，将研究重点局限于满足"衡量因果效应的现代标准"。根据被纳入这项二元变量分析的标准，他们认为独立的气候变量不可能与其他未观察到的可能影响冲突的变量存在相关性，他们发现"气候异常与冲突和社会不稳定之间存在紧密联系"。具体来说，他们证明，在大多数研究中，当气温高且降水量极高或极低时，冲突和社会政治不稳定情况都会增加。然而，他们也发现，当平均气温温和时，异常低温可能会降低社会稳定性。他们得出的结论是："气候对安全的影响在历史上和现代都存在，适用于全球各地的人口，它产生于迅速和渐

---

① S. M. Hsiang, M. Burke, & E. Miguel, Quantifying the Influence of Climate on Human Conflict, *Science*, Vol. 341, 2013, pp. 12353-12367.

② J. Bohannon, Study Links Climate Change and Violence, Battle Ensues, *Science*, Vol. 341, 2013, pp. 444-445.

进的气候事件,并影响了遍及所有空间尺度的各种冲突。"①

(四) 海平面上升对暴力的影响

到 2100 年,海平面可能会在 1990 年的基础上②上升 0.5—1.4 米 (约 20—55 英寸)。一项研究表明,到 2100 年海平面可能上升 1.83 米 (6 英尺),其中南极洲可能就贡献了超过 1 米 (3.3 英尺)。③ 世界上约 20% 生活在沿海地区的人们和居住在小岛国家的人们受海平面上升的影响最大。一些岛国可能完全消失,某些沿海地区可能变得无法居住,这可能迫使许多人流离失所,或者在邻国或其他地方成为难民。除了迫使人们背井离乡,海平面上升还会破坏农田,咸水入侵三角洲和地下水蓄水层,并导致食物和淡水短缺。随着人们争夺土地和其他资源的控制权,很可能会出现重大的政治、经济和社会动荡,有时还伴随着暴力的发生。

气候变化将迫使数以百万计的气候难民背井离乡。2009 年,联合国难民事务高级专员指出,2008 年,由于与气候变化有关的因素影响,其中主要是暴风雨和洪水,超过 2000 万人流离失所。④ 到 2050 年,估计会有 5000 万—2.5 亿人被迫离开他们的家园和社区。目前,由于海平面上升,估计有 1.62 亿人处于流离失所的危险中:中国有 7300 万人;孟加拉国有 2600 万人;印度有 2000 万人;埃及有 1200 万人;地势低洼的小岛国家有 3100 万人。此外,至少有 5000 万人极有可能由于干旱和气候变化的其他后果而流离失所。⑤ 鉴于短期严重气候事件造成的迁移通常是暂时的,并且通常是在国家内部的短距离迁移;而干旱、海平面上升,以及气候变化的其他长期影响所造成的迁移则很可能是永久的,这些移民不太可能返回他们的

---

① S. M. Hsiang and M. Burke, Climate, Conflict, and Social Stability: What Does the Evidence Say? *Clim. Change*, Vol. 123, 2014, pp. 43, 52.

② S. Rahmstorf, A Semi-Empirical Approach to Projecting Future Sea-Level Rise, *Science*, Vol. 315, 2007, pp. 368–370.

③ R. M. DeConto and D. Pollard, Contribution of Antarctica to Past and Future Sea-Level Rise, *Nature*, Vol. 531, 2016, pp. 591–597.

④ M. Fleming, Climate Change Could Become the Biggest Driver of Displacement: UNHCR Chief, *UNHCR News*, Dec. 16. 2009.

⑤ N. Myers, *Ultimate Security: The Environmental Basis of Political Instability*, Island Press, 1996; N. Myers, Environmental Refugees: A Growing Phenomenon of the 21st Century, *Phil. Trans. R. Soc. B*, Vol. 357, 2002, pp. 609–613; R. T. Watson, M. C. Zinyowera, & R. H. Moss (eds.), Regional Impacts of Climate Change: An Assessment of Vulnerability, Intergov. Panel Clim. Change, U. N. Environ. Progr., 1998.

家园和社区。①

（五）相关研究启示与研究发现

大量研究证据表明，气候变化，尤其是气温升高和极端降水，通常与集体暴力存在因果关系。这项研究是由许多不同的研究人员于不同时间段内在许多地理空间开展的。

尽管气候变化经常被发现与集体暴力存在因果关系，但它只是几个主要的成因之一。导致集体暴力的其他主要原因包括社会经济和政治动荡、政治权力和土地所有权争端、贫困和社会经济差异、高失业率、威权政府、侵犯人权和其他社会不公正现象，以及种族仇恨等。②

提升社区韧性可以缓冲气候变化的后果，即通过社区适应或社区调整以应对这些后果或使社区获得恢复力。社区韧性包括：（1）事件发生后建成环境的功能（物理适应力）；（2）人们的身心健康（个人适应力）；（3）治理结构、信任和沟通网络、社区的灵活性和冗余性（组织适应力）。③ 自然灾害余波的证据表明，灾难发生前社区的社会凝聚力（社区韧性的一部分）可能有助于预防或最大程度地减少灾难后果，如灾后的应激障碍。④

由于存在多种相互联系和跨部门的途径，气候变化的累积影响远大于其对卫生、农业、空气质量、水供应、住房和其他社会部门的影响之和。此外，由于气候变化是一个风险乘数，因此在已有成因的条件下，气候变化增加了集体暴力的风险。在已经存在很高的集体暴力风险的地方，气候变化在导致或助长集体暴力中的影响作用最大。例如，在低收入国家中，气候变化通常会加剧社会经济差距，使穷人更加贫穷，使困难群体更加脆弱。在靠自给自足的农业来养活自己和家人的低收

---

① D. K. Bardsley and G. J. Hugo, Migration and Climate Change: Examining Thresholds of Change to Guide Effective Adaptation Decision-Making, *Popul. Environ.*, Vol. 32, 2010, pp. 238-262; C. McMichael, J, Barnett, & A. J. McMichael, An Ill Wind? Climate Change, Migration, and Health, *Environ. Health Perspect*, Vol. 120, 2012, pp. 646-654.

② B. S. Levy and V. W. Sidel, *War and Public Health*, 2nd ed., Oxford Univ. Press, 2008.

③ H. Frumkin, J. Hess, & G. Luber, Public Health Policies and Actions, See Ref., Vol. 34, 2015, pp. 231-254; M. J. Morton and N. Lurie, Community Resilience and Public Health Practice, *Am. J. Ind. Med.*, Vol. 103, 2013, pp. 1158-1160.

④ H. Hikichi, J. Aida, T. Tsuboya, et al., Can Community Social Cohesion Prevent Posttraumatic Stress Disorders in the Aftermath of a Disaster? A Natural Experiment from the 2011 Tohoku Earthquake and Tsunami, *Am. J. Ind. Med.*, Vol. 183, 2016, pp. 902-910.

入国家中，这种影响的解释力更强。由于气候变化破坏了耕地，并给牲畜生产造成不利影响（由于气温升高、干旱、洪灾和海平面上升），农民饱受粮食供应减少、收入损失和粮食价格冲击之苦，他们经常迁移到城市地区，从而造成社会和政治的动荡，因而增加了暴力风险（见前文材料"气候变化助长了叙利亚内战"）。

尽管无法精确预测气候变化的后果和集体暴力的发生，但我们认为，在许多情况下，可以确定气候变化引发集体暴力存在可能性。我们认为，可以建立概率指数，并将其用于预测由气候变化所引起的集体暴力，从而实施干预措施，以最大程度地减少气候变化的影响并防止集体暴力的发生。

由于气候变化助长了集体暴力的发展，因此对美国和其他国家构成了安全威胁，这一威胁早已被美国军方所认可。例如，2007 年，几名前美国主要军官把气候变化称作"不稳定性的威胁乘数"。① 这种威胁的严重性和普遍性加剧了缓解气候变化和执行有效的适应措施以应对气候变化的紧迫性。此外，气候变化与集体暴力之间的因果关系使了解和减少集体暴力产生的根本原因这一极为重要的需求，得到了更多的关注。

（六）未来研究的需求和挑战

可待进一步研究的问题主要有：（1）阐明和理解气候变化与集体暴力之间的因果关系，包括气候变化的各个组成部分导致暴力发生的途径或机制；② （2）评估防止气候变化引起暴力的各种方法的有效性。同时需要进行研究，以便更好地理解将争端转变为暴力冲突的各种因素之间的复杂相互作用，从而更好地识别机会并建立更有效的机制，以非暴力手段解决冲突。研究的挑战包括收集足够多人口地区的气候条件数据，以便得出有效的结论，并在足够长的时间范围内进行研究。

分析框架有助于我们了解与气候变化有关的各种具有互动性的环境因素，这些因素可能会导致集体暴力。舍夫兰（J. Scheffran）等开发了图 1 所示的框架。③

---

① CNA Corp., National Security and the Threat of Climate Change, Alexandria, VA: CNA Corp., 2007, https://www.cna.org/cna_fifiles/pdf/national%20security%20and%20the%20threat%20of%20climate%20change.pdf; CNA Mil. Advis. Board, National Security and the Accelerating Risk of Climate Change, Alexandria, VA: CNA Corp., 2014, https://www.cna.org/cna_fifiles/pdf/MAB_5-8-14.pdf.

② S. M. Hsiang and M. Burke, Climate, Conflict, and Social Stability: What Does the Evidence Say? *Clim. Change*, Vol. 123, 2014, pp. 39-55.

③ J. Scheffran, M. Brzoska, J. Kominek, *et al.*, Climate Change and Violent Conflict, *Science*, Vol. 336, 2012, pp. 869-871; J. Scheffran, P. M. Link, & J. Schilling, Theories and Models of Climate-Security Interaction: Framework and Application to a Climate Hot Spot in North Africa, in J. Scheffran, M. Brzoska, H. G. Brauch, *et al.* (eds.), *Climate Change, Human Security and Violent Conflict: Challenges for Societal Stability*, Springer, 2012, pp. 91-131.

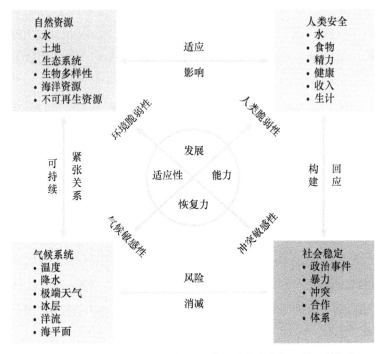

图 1　自然资源、人类安全、气候系统和社会稳定相互关系的框架

资料来源：J. Scheffran, M. Brzoska, J. Kominek, *et al.*, Climate Change and Violent Conflict, *Science*, Vol. 336, 2012, pp. 869-871。

需要进一步研究关键环境资源的稀缺性在引发暴力方面的作用。霍默-狄克逊（T. F. Homer-Dixon）证明，这些稀缺的环境资源主要是农田，还有森林、河水和鱼类，可能导致严重的社会压力，造成城市动荡、文化和种族群体之间的冲突以及叛乱活动的发生等。[1]

例如，将生物质燃料用于家庭烹饪会导致关键环境资源的匮乏，这是埃塞俄比亚要面对的一个主要问题。埃塞俄比亚的生物质燃料占全国能源供应的 92%。[2] 使用木材作为燃料会导致大量的森林被砍伐和木材价格的上涨，从而迫使农民将动物粪便用作家庭烹饪的生物质燃料。这种做法减少了粪便用作肥料的可能性，加剧了

---

[1] T. F. Homer-Dixon, Environment, Scarcity, and Violence, Princeton Univ. Press, 1999.

[2] Y. Seboka, M. A. Getahun, & Y. Haile-Meskel, Biomass Energy for Cement Production: Opportunities in Ethiopi, U. N. Dev. Progr, 2009, http://www.undp.org/content/dam/aplaws/publication/en/publications/environment-energy/www-ee-library/climate-change/biomass-energy-for-cement-production-opportunities-in-ethiopia/Biomass_energy_for_cement_production_opportunities_barriers.pdf.

土壤养分的缺乏。① 改善从微电网（用于烹饪、照明、水泵动力、面粉研磨机，以及由可再生能源提供动力的电动机驱动的其他设备）获取可再生能源的途径，可以减少对生物质燃料的依赖、减缓森林乱砍滥伐、改善土壤条件，并增加家庭收入。

在低收入国家的农村地区使用可再生能源的协同效益，已经得到了大量研究的确认或证明。这些益处包括为儿童教育增强照明、使那些负责收集柴火的妇女有更多的时间、改善食品和药品的冷藏设施、增加灌溉用电、减少烹饪带来的室内空气污染，以及减少集体暴力的风险等。

四、公共卫生专家如何应对因气候变化而引发的集体暴力

在预防由于集体暴力造成的健康后果方面，公共卫生专家及其组织可发挥重要作用。相关行动包括：（1）记录武装冲突和其他形式的集体暴力对健康的影响；（2）提高对这些健康后果的认识，并向专业的非政府组织、政府决策者和公众传达这些健康后果的细节和含义；（3）制定并倡导预防和干预措施、公共政策以及其他减少集体暴力和相关健康后果的方法；（4）努力减少贫困、收入不平等、种族仇恨并消除其他引发集体暴力的根本原因；（5）通过非暴力手段帮助解决冲突和争端。② 这些都是公共卫生工作者可以发挥积极作用的重要活动。但是，由于本文的重点是由气候变化引起的集体暴力，因此这里只着重于分析公共卫生专家及其组织在缓解和适应气候变化以及评估并减少集体暴力的风险这两个方面的重要作用。

公共卫生专家及其组织的作用包括：

第一，一级预防（缓解）。这种预防形式支持减少二氧化碳、甲烷和其他温室气体的排放，以及减少气候变化的其他活动，如防止森林乱砍滥伐和促进新森林的生长。

第二，二级预防（适应）。这种预防形式支持预防或减少气候变化对健康的影响的措施，例如：（1）设计和实施检测传染病的监测系统；（2）推进预防和应急方案的实施，以减少热浪或极端天气事件的影响；（3）促进社区团体、组织和其他部门之间的协作，以规划和实施相应措施，提高社会凝聚力并增强社区恢复力的其他

---

① A. Mekonnen and G. Kohlin, Biomass Fuel Consumption and Dung Use as Manure: Evidence from Rural Households in the Amhara Region of Ethiopia, Environ. Dev. RFF, Discuss, 2008, http://www.rff.org/fifiles/sharepoint/WorkImages/Download/EfD-DP-08-17.pdf.

② B. S. Levy and V. W. Sidel, *War and Public Health*, 2nd ed., Oxford Univ. Press, 2008.

方面。

第三，三级预防。这种预防形式可帮助人们从与气候变化有关的灾难（如干旱和洪水）中恢复过来。

为应对气候变化而开展的其他重要的公共卫生活动包括：(1) 提高认识，教育并鼓励与其他卫生专家、政策制定者和公众进行持续的交流；(2) 进行和支持有关气候变化对健康的影响以及保护公众健康等方法的研究；(3) 调查可能与气候变化有关的疾病暴发情况，如病媒传播疾病的暴发；(4) 评估社区在面对气候变化时的脆弱性和恢复力；(5) 评估缓解措施、适应措施和其他措施；(6) 促进国家和地方卫生部门应对气候变化的资源和能力的增加。

我们同意弗鲁姆金（H. Frumkin）等人的建议，他们主张应对气候变化的公共卫生措施应当：(1) 建立在普遍强大的公共卫生体系的基础上；(2) 基于风险特征和评估；(3) 强调对所有灾害的防范；(4) 强调所建环境、个人（身体和心理上）和组织的适应能力；(5) 建立在潜在的协同效益的基础上，如积极运输和从肉类密集型饮食转向以谷物、水果和蔬菜为主的饮食；(6) 建立在强大的跨部门伙伴关系的基础上；(7) 专注于制度学习。[1]

此外，正如弗鲁姆金等人指出的那样，在使用缓解、适应和其他措施应对气候变化中，必须促进公平和公正（气候公正），努力减少国家内部的社会经济差距，并保护人权。[2]

最后，至关重要的是，公共卫生专家及其组织必须让其政府对他们在 2015 年于巴黎举行的联合国气候变化（COP 21）上作出的减少温室气体排放的承诺负责，同时高收入国家应为低收入国家提供有效应对气候变化所需的资源。

---

[1] H. Frumkin, J. Hess, & G. Luber, Public Health Policies and Actions, See Ref. 34, pp. 231–254; H. Frumkin, J. Hess, G. Luber, et al., The Public Health Response to Climate Change, Am. J. Public Health, Vol. 98, 2015, pp. 435–445.

[2] H. Frumkin, J. Hess, & G. Luber, Public Health Policies and Actions, See Ref. 34, pp. 231–254.